本书受湖北经济学院学术专著出版基金资助

沪港通交易制度的信息治理效应研究

郑珊珊 ◎ 著

中国财经出版传媒集团

经济科学出版社

Economic Science Press

图书在版编目（CIP）数据

沪港通交易制度的信息治理效应研究/郑珊珊著 .

－－北京：经济科学出版社，2022. 11

ISBN 978 - 7 - 5218 - 4026 - 1

Ⅰ . ①沪…　 Ⅱ . ①郑…　 Ⅲ. ①股票交易 - 信息管理 -

研究 - 中国　 Ⅳ. ①F832. 51

中国版本图书馆 CIP 数据核字（2022）第 171181 号

责任编辑：程辛宁

责任校对：齐　杰

责任印制：张佳裕

沪港通交易制度的信息治理效应研究

郑珊珊　著

经济科学出版社出版、发行　新华书店经销

社址：北京市海淀区阜成路甲 28 号　邮编：100142

总编部电话：010 - 88191217　发行部电话：010 - 88191522

网址：www. esp. com. cn

电子邮箱：esp@ esp. com. cn

天猫网店：经济科学出版社旗舰店

网址：http://jjkxcbs. tmall. com

固安华明印业有限公司印装

710 × 1000　16 开　13. 25 印张　220000 字

2022 年 11 月第 1 版　2022 年 11 月第 1 次印刷

ISBN 978 - 7 - 5218 - 4026 - 1　定价：78. 00 元

（图书出现印装问题，本社负责调换。电话：**010 - 88191510**）

（版权所有　侵权必究　打击盗版　举报热线：**010 - 88191661**

QQ：2242791300 营销中心电话：**010 - 88191537**

电子邮箱：dbts@ esp. com. cn）

前　言

　　自 20 世纪 80 年代以来，随着全球跨境交易限制的进一步取消，中国政府逐步加快资本市场对外开放的步伐。QFII、RQFII 以及 QDII 等交易制度的相继推出，拓宽了境内外投资者的投资渠道，也刻画出了中国资本市场对外开放的历程。尤其是 2014 年 11 月 17 日沪港股票市场交易互联互通机制试点（本书简称"沪港通交易制度"）的正式启动，为沪市 A 股市场与香港证券市场建立了方便的连接通道，标志着中国资本市场第一次真正意义上实现资金双向有序流动，是 A 股资本市场对外开放的标志性举措。作为资本市场对外开放进程中的关键一环，沪港通交易制度的实施不仅吸引了投资者和监管部门的极大关注，而且也是理论界和学术界极为关心的话题。

　　根据香农（Shannon）的信息论，资本市场的信息传递过程为：信息发布者（管理层或董秘等）发出信息，信息媒介（分析师、审计师或新闻媒体等）对信息进行分析解读，最终传递给外部信息使用者（投资者或监管部门等）。沪港通交易制度的实施，首先，通过引进具有先进投资理念的境外投资者，采用"用手投票"或者"用脚投票"等方式对上市公司进行监督，倒逼内地资本市场制度改革，改善境内上市公司的内部治理结构，影响管理层等的信息发布行为；其次，也会提高分析师等外部信息中介的关注程度，并影响其预测行为；最后，这些信息会反映到上市公司的股价信息含量中，从而影响资本市场整体资源配置效率。本书沿着这一思路，采用规范分析法、演绎推理法和实证分析法从管理层、分析师以及股价信息含量等视角考察了沪港通交易制度的信息治理效应，并进一步探究其背后的影响机理。不仅丰富了沪港通交易制度、管理层、分析师、股价信息含量等方面的相关文献，还具有重要的理论意义和现实意义。

为了更好地理解和把握沪港通交易制度的信息治理效应，本书首先介绍研究背景与研究意义、研究目标与研究方法以及研究内容与研究框架；其次，介绍资本市场对外开放的制度背景、理论基础并梳理了相关文献；最后，结合本书的研究主题着重从沪港通交易制度对管理层业绩预告的影响、沪港通交易制度对分析师行为的影响以及沪港通交易制度对股价信息含量的影响三个方面进行实证检验，并在此基础上总结出本书的研究结论，提出相关政策启示。本书的主要内容和研究结论如下：

（1）本书选取 2012～2016 年度中国沪深 A 股上市公司作为初始研究样本，参考李志生等（2017）和张饶等（2017）度量管理层业绩预告质量的方法，采用双重差分法（DID）实证考察了沪港通交易制度对沪股通标的上市公司管理层业绩预告的影响。研究发现：第一，沪港通交易制度的实施有利于抑制管理层的自利行为，能够显著提高沪股通标的上市公司的管理层业绩预告质量。第二，沪港通交易制度的实施主要通过引进更多具有先进投资理念的境外机构投资者和提高管理者能力来改善沪股通标的上市公司的管理层业绩预告质量。第三，拓展性检验发现，在国有企业、管理层权力强度较大以及环境不确定程度较高的上市公司中，沪港通交易制度的实施能显著提高沪股通标的上市公司的管理层业绩预告质量，市场竞争程度对上市公司的影响并不明显。除此之外，本书还采用倾向得分匹配（PSM）方法控制可能存在的自选择问题，并通过安慰剂检验、更换度量指标等进行稳健性检验，发现研究结论仍然不变，证明了沪港通交易制度具有内部信息治理效应。

（2）本书选取 2012~2016 年度中国沪深 A 股上市公司作为初始研究样本，参考许年行等（2012）度量分析师乐观性偏差的方法，采用双重差分法（DID）实证考察了沪港通交易制度对分析师关注度和分析师乐观性偏差的影响。研究发现：第一，沪港通交易制度的实施显著提高了沪股通标的上市公司的分析师关注度，但是也显著提高了分析师乐观性偏差。第二，基于分析师面临来自机构投资者的佣金压力视角，探讨了沪港通交易制度影响分析师乐观性偏差的机制，而且从分析师对沪港通标的股票发布乐观盈利预测是否会增加相应股票的换手率反向验证了分析师乐观性偏差产生的客观原因。另外，管理层业绩预告质量的提高能够抑制沪港通交易制度对分析师乐观性偏差的促进作用。第三，拓展性检验发现，被国际四大审计的上市公司，沪港通交易制度对分析师乐观性偏差的促进作用在一定程度上得到了缓解。除此之外，本文还采用倾向得分匹配（PSM）方法控制可能存在的自选择问题，并通过安慰剂检验、更换度量指标等进行稳健性检验，发现本书的研究结论仍然成立，在一定程度上证明了沪港通交易制度实施具有外部信息治理效应。

（3）本书选取 2012~2016 年度中国沪深 A 股上市公司作为初始研究样本，参考卡佩尔奇克等（Kacperczyk et al.，2018）和刘贝贝（2019）度量上市公司股价信息含量的方法，采用双重差分法（DID）实证考察了沪港通交易制度对沪股通标的上市公司股价信息含量的影响。研究发现：第一，沪股通标的股票的股价存在信息含量；沪港通交易制度的实施不仅显著提高了沪股通标的上市公司短期（一年）的股价信息含量，还显著提高了沪股通标的上市公司较长期（两年和三年）的股价信息含量，表明沪港通交易制度对股价信息含量的影响具有一定的持续性。第二，拓展性检验发现，在信息透明度低和股票流动性高的上市公司中，沪港通交易制度的实施更能显著提高沪股通标的上市公司的股价信息含量。除此之外，本书还采用倾向得分匹配（PSM）方法控制可能存在的自选择问题，并通过安慰剂检验、更换度量指标等进行稳健性检验，本书的研究结论仍然成立。本书的研究结论表明沪港通交易制度的实施可以有效改善上市公司的信息治理环境，证明了沪港通交易制度的确存在信息治理效应。

在上述研究基础上，本书认为不仅要坚持审慎、可控的资本市场对外开放原则，还要持续加大资本市场对外开放力度；并以此为契机加快国内资本市场制度改革，优化内地投资者结构，加强国际之间合作。同时，上市公司也应该抓住机会规范和完善信息披露制度；针对分析师普遍存在的乐观性偏差行为，要加强对信息中介市场的培育，提高分析师自身客观和独立的职业素养。为此监管部门不仅要努力提高资本市场监管水平，提高境外投资者保护水平，还要建立针对管理层信息披露质量的监督机制，加强对分析师的引导、监督与培育。总之，政府部门、管理层、分析师、投资者以及监管层等各司其职，从而为我国资本市场的健康稳定发展贡献自己的力量。

本书可能的创新点如下：

第一，本书沿着香农（Shannon）的信息论这一思路，将管理层、分析师以及市场整体股价信息含量结合起来进行研究，探讨了沪港通交易制度的内部信息治理效应、外部信息治理效应以及整体信息治理效应，不仅形成"管理层—分析师—资本市场股价信息含量"这样一个比较完整的逻辑链条，而且层层递进，较深刻地揭示了其背后的影响机理。

第二，本书依次研究了沪港通交易制度对管理层业绩预告、分析师关注度和分析师乐观性偏差以及上市公司股价信息含量的影响，不仅丰富了资本市场对外开放交易制度等方面的相关内容，也为管理层信息披露、分析师预测以及上市公司股价信息含量等提供了增量信息。

第三，本书借助"沪港通"开通这一准自然实验平台，利用"PSM + DID"模型检验了资本市场对外开放的信息治理效应，能够有效缓解以往这一研究领域所面临的内生性问题，提高本书研究结论的稳健性；还为以后其他资本市场对外开放交易制度的研究提供了一定的经验。

本书系湖北省教育厅哲学社会科学研究重点项目"管理层业绩预告是否更具信息含量研究——信息供给和信息需求视角"（21D083）、湖北省教育厅科学研究计划项目"股票市场开放对管理层业绩预告质量的影响机理及经济后果研究"（B2021170）的阶段性研究成果。

目　　录

第一章

导　论

第一节　研究背景与研究意义

一、研究背景

　　自 20 世纪 80 年代以来，随着经济全球一体化的推进，跨境交易限制逐渐取消，世界各国尤其是新兴市场国家逐渐开放了本国的资本市场，全球各地的金融市场联系更加紧密。作为世界上第二大经济发展体，中国的资本市场在政府主导下进行了一系列大规模的制度改革，探索了有益的经验并取得了一系列成就。

　　总体来讲，中国资本市场对外开放进程大概可以分为以下几个发展阶段：第一阶段，1990 年上海证券交易所和 1991 年深圳证券交易所的正式成立，严格意义上结束了我国的柜台买卖模式，是中国证券市场进一步启动的标志。随后，中国证监会出台了《股票发行与交易管理暂行条例》《公开发行股票公司信息披露实施细则》等一系列法律法规，使中国的证券市场正式被纳入统一的监管框架并走上规范化轨道。同期，有相当数量的中国内地企业赴港上市并发行 H 股进行融资。第二阶段，为了遵循加入 WTO 的承诺，中国进一步开放资本市场。2002 年起实施的合格境外机构投资者制度（QFII）和 2006 年起颁布的合格境内机构投资者制度（QDII）使合格机构投资者可以通过这两个平台在中国和国际资本市场之间进行跨境证券交易，在全球进行资产配置，但是其投资额度仅分配给具有多年经验、实力雄厚和管理大量资产的特定机构投资者。与此同时，中国证监会于 2006 年 5 月 17 日推出的《首次公开发行股票并上市管理办法》、2006 年 12 月 13 日实施的《上市公司信息披露管理办法》等法律法规进一步规范了上市公司行为。第三阶段，2011 年起推出的人民币合格境外投资者制度（RQFII）允许境外机构投资者通过境内基金管理公司和证券公司的驻港分支机构投资于境内证券市场，进一步扩展了境外投资者对中国证券市场的投资渠道。与此同时，证券监管部门于 2012 年 2 月 14 日修改的《上市公司收购管理办法》进一步完善了相关法律制度。从上述中国资本市场发展的历程可以看出，虽然投资者的投资渠道和额度不断增加，但是以往的制度设计门槛较高，一般都是针对特定的投资群体，难以满足境内外大量个人投资者的跨境资产配置需求。针对股票市场存在的问题，中国证券监管部门也通过设立和修订一系列法律法规来进行完善制度环境，在探索中不断前行。

党的十八大、十九大以后，我国政府提出要进一步加大市场自由化改革。在政府的重视和大力支持下，为了进一步推动中国资本市场对外开放，中国证监会与香港证监会于 2014 年 11 月 17 日正式开通上海和香港股票市场交易互联互通机制（本书简称"沪港通交易制度"），使上海和香港两地投资者可以直接买卖规定范围内对方符合条件的股票，且随着开放规模及项目逐步扩大，内地资本市场和香港资本市场交流紧密，不仅打破了两地投资者之间的资金壁垒，增加了双向资金的流动渠道，还将对香港及内地资本市场格局产生广泛而深远的影响。在"沪港通"试点成功的基础上，中国证监会与香港证监会于 2016 年 12 月 5 日宣布正式启动"深港通"。"沪港通"和"深港通"的运行标志着中国的资本市场开放进入到全新的发展阶段。

与中国香港股票市场的法律法规根植于西方发达资本主义国家、强调对投资者利益的保护不同，中国内地股票市场根植于经济体制转型背景下，面临着一系列问题：首先，投资者以个体投资者为主，交易频繁且波动性较高（史永东和王谨乐，2014）；其次，司法系统不完善，投资者保护水平则普遍较低（钟覃琳和陆正飞，2018）。因此，沪港通交易制度的实施旨在使两地投资者通过这个平台进行市场交易来缓解资金外流压力，还可以引进香港投资者尤其是机构投资者来改善投资者结构以及学习其先进的投资理念，并以此为契机引入一个新的治理和约束机制，保护投资者长期利益，倒逼我国内地股票市场各项制度的建设，完善上市公司信息环境，从而提高整个资本市场的资源配置效率（董良秀等，2018）。但也有学者研究发现资本市场对外开放会增加我国资本市场与国家资本市场的联动性，可能刺激资本市场上的国际投机活动，加剧资本市场波动（Stiglitz，2000），最终危及我国上市公司和国民经济的稳定和发展。我国股市于 2015 年 6 月份爆发的股灾让投资者蒙受了巨大的损失，有相当一部分人将原因归于沪港通交易制度的运行。因此，"沪港通"等资本市场进一步开放到底是吸引了境外机构投资者进行长期价值投资、改善境内上市公司信息治理环境还是引致了国际短期投机资本的流动？这都引起了广泛的讨论。本书则基于管理层业绩预告等内部层面、分析师行为等外部层面以及股价信息含量等整体层面上来探讨沪港通交易制度的信息治理效应。

基于委托代理理论，我国上市公司的管理层和外部投资者之间存在着严重的信息不对称问题，管理层出于自利动机会有目的地干预财务报告的披露时机，甚至会隐瞒负面消息。而我国资本市场以个人投资者为主，但是个人投资者的力量比较分散，对上市公司及其管理层的约束有限，阻碍了公司治理机制的有效运行。目前已有学者提出了解决措施并进行了实证检验，石凡等（2008）研究发现引入境外战略投资者，能够帮助被投资公司降低 IPO 抑价程度，改善公司治理结构。在沪港通交易制度实施后，随着境外投资者持股比例的提高，机构投资者可以通过选派董事等直接参与境内上市公司的管理，或者通过"用脚投票"的方式促进管理层提高信息披露质量。信息披露质量的提高反过来又能够降低投资者的风险，扩大投资者购买群体，从而降低上市公司的融资成本（Diamond and Verrecchia，1991），改善公司治理质量（Bancel and Mittoo，2001），最终提高公司的价值。基于此，本书基于管理层信息披露视角首先探讨沪港通交易制度的实施是否具有内部信息治理效应。

分析师作为资本市场重要的信息中介，利用其强大的信息搜集、处理与分析能力，将上市公司的内部信息传递给外部使用者。但是受制于各种利益冲突，分析师普遍存在严重的乐观性偏差（许年行等，2012；Drake et al.，2015），严重降低了公司负面信息的传递效率（Scherbina，2008）。已有学者研究发现公平信息披露规则的实施会增加分析师盈利预测的乐观性偏差（谭跃等，2013）。李丹等（2016）和李志生等（2017）将融资融券制度作为外生冲击变量，研究发现融资融券制度的实施能够降低分析师的预测偏差，提高分析师预测质量。布恩和怀特（Boone and White，2015）研究发现境外投资者尤其是机构投资者的选股能够传递一种价值信号，可以提高分析师的关注度。在沪港通交易制度实施后，随着对境外投资者等信息需求量的增加，分析师的关注度理应会增加，同时上市公司信息披露质量的提高也会降低分析师的跟踪成本，提高了分析师的积极性。但是分析师的预测质量也会得到显著提高吗？学者们有不同的观点，陈等（Chan et al.，2013）研究发现，分析师更倾向于收集和披露市场层面或行业层面的信息。王明伟等（2017）研究发现投资者关注会增加了有偏报告的识别风险，促使分析师发布更准确的预测报告。基于此，本书基于分析师行为视角探讨沪港通交易制度的实施是否具有外部信息治理效应。

此外，学者们也从资本市场整体配置效率方面进行了探讨和研究。当公司股价越接近于公司实际价值时，我们认为上市公司具有较高的股价信息含量，能更有效提高资本市场的配置效率（Tobin，1982；Chen et al.，2007）。史永和张龙平（2014）研究发现 XBRL 财务报告的实施能使股价更充分地反映公司特质信息，提高了股价信息含量。李科等（2014）研究发现卖空机制能使负面信息在股价中得到充分反映，从而改善了资本市场定价效率，提高了上市公司的股价信息含量。卡拉马努和瓦菲亚斯（Karamanou and Vafeas，2005）研究发现上市公司良好的公司治理机制提升了公司透明度，降低上市公司面临的信息不对称程度，从而提高上市公司的股价信息含量。朱红军等（2007）研究发现证券分析师的跟踪能够帮助投资者更好地了解公司特质信息，增加公司的股价信息含量，推动股价回归真实价值。那么，沪港通交易制度的实施能否影响上市公司的股价信息含量呢？这是本书需要探讨的话题。

根据上述的分析和讨论，本书采用双重差分模型（DID）拟研究以下几个问题：第一，基于内部信息治理视角，实证检验沪港通交易制度的实施对管理层业绩预告的影响，探讨其影响机制，并进行相应的拓展性检验。第二，基于外部信息治理视角，实证检验沪港通交易制度的实施对分析师关注度和分析师乐观性偏差的影响，探讨其影响机制，并进行相应的拓展性检验。第三，基于整体信息治理视角，实证检验沪港通交易制度的实施对上市公司股价信息含量的影响。在探讨以上研究问题时，为了解决可能存在的内生性问题，本书采用倾向得分匹配（PSM）方法、安慰剂检验以及更换度量指标等以保证本书研究结论的稳健性。最后，根据本书研究内容总结出本书的研究结论，得出一些有益启示，预期为我国资本市场的健康发展提供一些有科学依据的建议。

二、研究意义

作为近年来我国证券监管部门推出的一项重大制度创新，沪港通交易制度的实施不仅在宏观层面上能够推动内地和香港两地资本市场的互动互补、加快人民币国际化步伐以及发挥资本市场规模经济和聚焦效应，还能在微观层面上缓解两地资本市场资金压力、推动沪市股票市场进行制度改革以及为沪市股价合理化估值提供基础等，具有重要的理论和现实意义。

（一）理论意义

本书将金融政策的外部冲击与资本市场的信息传递过程结合起来进行

研究。资本市场的信息传递过程大概为：管理层等发出信息，分析师等对信息进行分析解读，最终传递给外部投资者或监管部门等。在整个信息传递的过程中，有许多因素影响信息传递的效果，其中金融政策的实施就是不可忽视的一个影响因素。在以往的研究中，沪港通交易制度的实施对上市公司信息治理效应研究往往只针对某一个方面，本书基于管理层业绩预告视角，探讨沪港通交易制度实施的内部信息治理效应；基于分析师行为视角，探讨沪港通交易制度实施的外部信息治理效应；基于股价信息含量视角，探讨沪港通交易制度实施的整体信息治理效应，验证作为资本市场对外开放的重要方式之一的"沪港通"在提升资本市场效率上是否起到预期中的作用。不仅拓展了资本市场开放的经济后果相关文献，丰富了管理层业绩预告、分析师行为以及股价信息含量的研究内容，而且将国家宏观金融政策与上市公司的微观行为结合起来，构成一个比较完整的分析框架。除此之外，内生性问题是此类研究中最大的难点之一，本书通过倾向得分匹配（PSM）方法检验了沪港通交易制度实施的信息治理效应，预期能够缓解这一研究领域所面临的内生性问题，从而建立起资本市场开放与企业微观行为之间的因果关系。

（二）实践意义

股票市场是经济发展水平的"晴雨表"，股票市场的健康发展不仅关系着资本市场的稳定发展，还影响着国家实体经济的发展。加强对外开放、引入理性的机构投资者和成熟的市场运作机制已成为我国股票市场改革中关键的一步，但如果市场条件不成熟，贸然全面开放我国资本市场可能会引起剧烈震荡，适宜采取多层次渐进式的开放策略，做好资本市场全面开放的制度准备和监管准备。"沪港通"作为我国资本市场开放的一项重要试点，对试点效果及时进行总结并对出现的问题进行科学分析将会对我国下一步资本市场改革有着重要的借鉴和参考意义。

（1）对上市公司来讲，沪港通交易制度的实施逐步打通香港和内地股票市场的投融资限制，可进而推动两地的监管层实现对现有投资机制的优化完善；境外机构投资者通过"用手投票"或"用脚投票"方式对"沪股通"标的上市公司进行监督，有利于改善上市公司治理机制；资本市场开放后并购等事件的发生促使管理层提高个人能力。

（2）对投资者来讲，沪港通交易制度的实施为境外机构投资者提供了更多的投资选择和便捷的跨境投资渠道，促使境外资金参与到国内证券市场中。同时，境外理性机构投资者的引入可以对国内投资者起到良好的示范作用，引导国内投资者进行理性投资、合理分配资产，维持股票市场的平稳健康发展。

（3）对监管者来讲，沪港通交易制度的实施可以使监管部门积累一些跨境证券投资的经验，还可以促进两地监管层的跨境合作。同时，随着资本市场的进一步对外开放，监管部门可以以相关制度法规的修订为契机大力完善我国金融监管法规，填补监管漏洞；制定更加科学合理的风险预防机制来面对国际资金流动风险，创造更加繁荣稳定的资本市场。

（4）对整个资本市场来讲，沪港通交易制度的实施打开了人民币资本项目可兑换的又一个突破口，丰富了离岸人民币的投资渠道，有利于实现人民币国际化的发展目标。另外，沪港通交易制度的实施推动中国内地和香港股票市场在制度层面、交易层面、投资者结构层面多方面的融合，推动中国市场与国际市场在交易与结算机制等方面的接轨，推动中国 A 股市场在微观结构方面的完善与发展，从而提高了中国股票市场在全球的影响力。

第二节　研究目标与研究方法

一、研究目标

本书主要探讨沪港通交易制度实施的信息治理效应，预期可以达到以下两个主要目标。

（1）本书基于委托代理理论、信息不对称理论、投资者认知理论等，选取管理层业绩预告、分析师行为和上市公司股价信息含量三个视角，分别探讨了沪港通交易制度实施的内部信息治理效应、外部信息治理效应和整体信息治理效应，并进一步探讨其背后的影响机理，将"管理层 – 分析师 – 资本市场"构成一个较完整的分析框架进行探讨，并进行相应的实证检验，以期得出一些有益的结论。

（2）借鉴本书理论分析和研究结论，结合我国制度背景，深化监管层对资本市场进一步开放经济后果的认识，为我国资本市场制度改革提供一些启示和参考意见；为完善上市公司信息披露质量、提高分析师预测准确性以及改善资本市场信息效率提供一些政策建议。

二、研究方法

研究方法的得当直接决定了研究结论的准确性和可靠性。本书的研究具有较强的理论性和现实性，既要继承国内外现有管理层业绩预告、分析师行为和上市公司股价信息含量的研究成果，又要结合沪港通交易制度实施的现实背景对其进行拓展，同时还需要考虑不同情境下上市公司之间的差异，以保证多角度和多层次来丰富沪港通交易制度实施的信息治理效应。因此，本书预期采用规范分析法、演绎推理法和实证分析法，来保证研究结果的可靠性。

（一）规范分析法

依托现有文献资料和数据库资源，借助于期刊数据库、数据搜集平台和互联网等途径进行了大量的管理层业绩预告、分析师行为以及上市公司股价信息含量相关方面的文献搜集、阅读、总结和梳理，重点梳理、比较和分析国内外最新研究成果，对相关理论研究、指标构建、模型方法等进行归纳和综述，构建了一个完整的理论分析框架，研究了资本市场开放条件下的信息治理效应，为后文的实证分析提供了理论支撑。

（二）演绎推理法

本书从"委托代理理论""信息不对称理论""投资者认知理论"等出

发，分析沪港通交易制度影响管理层业绩预告、分析师行为以及上市公司股价信息含量的作用机制，在此基础上提出本书的研究假设。

（三）实证分析法

本书以沪深 A 股上市公司 2012～2016 年的数据为研究样本，采用 OLS、Logit 等方法构建双重差分法回归模型（DID）分别研究沪港通交易制度实施的内部信息治理效应、外部信息治理效应以及整体信息治理效应。为了避免"沪港通"运行中标的股票特质性差异可能给研究结论造成的影响，采用倾向得分匹配（PSM）方法进行内生性检验，保证研究结论的稳健性。

第三节　研究内容与研究框架

一、研究内容

本书主要探讨沪港通交易制度的信息治理效应，分别从管理层业绩预告、分析师行为和上市公司股价信息含量三个视角研究沪港通交易制度的内部信息治理效应、外部信息治理效应和整体信息治理效应，同时分析了其影响机理，并进行相关的拓展性检验，最后得出本书的研究结论，提出相对应的政策启示。具体的研究内容如下：

第一部分为导论。结合本书研究主题详细阐述了研究背景、研究意义、研究目标、研究方法和研究框架等内容。

第二部分为制度背景。本书依次对 B 股、QDII、QFII、RQRII 以及沪港通交易制度的成立背景、发挥作用、局限性和未来的发展等内容进行较详细的介绍，并分析沪港通交易制度与 QFII、RQFII 以及 QDII 的区别，肯定了沪港通交易制度在整个资本市场开放历程中所起的作用。

第三部分为理论基础和文献综述。首先，选择委托代理理论、信息不对称理论、投资者认知理论等作为本书的理论基础；其次，分别就资本市场开放的经济后果、资本市场对外开放对上市公司治理效应的影响、沪港通交易制度实施对股票市场有效性的影响、沪港通交易制度实施对两地股市跨境资本流动的联动性影响以及沪港通交易制度实施对上市公司治理效应的影响等内容进行文献梳理和评述。

第四部分研究沪港通交易制度实施对管理层业绩预告质量的影响。根据研究问题提出本部分的研究假设；实证检验沪港通交易制度对管理层业绩预告的基本影响；从机构投资者持股和管理者能力两个方面探讨其影响机理；从产权性质、管理层权力、环境不确定程度和市场竞争程度方面进行拓展性检验；采用 PSM、替换度量指标等进行稳健性检验保证研究结论的可靠性。

第五部分研究沪港通交易制度实施对分析师关注度和分析师乐观性偏差的影响。根据研究问题分别提出本部分的研究假设；实证检验沪港通交易制度对分析师关注度和分析师乐观性偏差的基本影响；从佣金收入压力、管理层业绩预告角度两个方面探讨其影响机理；从公司财务状况和是否四大审计方面进行拓展性检验；采用 PSM、替换度量指标等进行稳健性检验保证研究结论的可靠性。

第六部分研究沪港通交易制度实施对上市公司股价信息含量的影响。根据研究问题提出本部分的研究假设；实证检验沪港通交易制度对上市公司股价信息含量的基本影响；从信息透明度和股票流动性方面进行拓展性检验；采用 PSM、替换度量指标等进行稳健性检验保证研究结论的可靠性。

第七部分为研究结论与政策启示。首先对本书的研究内容进行总结，并提出相对应的政策启示，指出本书研究的局限性，预想未来的研究方向。

二、研究框架

根据本书的研究内容，本书的结构框架图如图 1－1 所示。

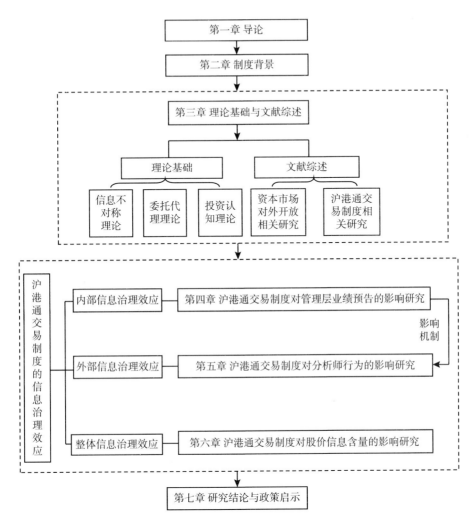

图 1 - 1　本书研究框架

第二章

制度背景

　　随着经济全球一体化的推进，世界各国尤其是新兴市场国家逐渐开放了本国的资本市场，全球个股股市间的联系更加紧密，有利于全球资本配置效率的提高。作为世界上第二大经济发展体，自20世纪80年代改革开放以来，中国政府在人民币国际化的大背景下也逐步审慎开放资本市场，力图融入全球经济体中。但是墨西哥和东南亚金融危机的爆发无疑是为全球经济联动敲响了警钟，在这场金融危机中，中国受波及很少，受益于中国政府对资本管制较严和审慎的开放政策，始终将经济危机和风险波动控制在可控范围内。因此，审慎稳健的开放政策与我国目前的国情和经济金融发展水平更相匹配，截至目前，B股、QDII、QFII、RQRII、沪港通交易制度、深港通交易制度等的实施都是我国资本市场进一步对外开放的各种探索和制度性尝试，且这几个关键的资本市场开放制度层层递进，按时间节点刻画出了我国资本市场对外开放的进程。本书将这个几个关键开放制度分为发行外资股阶段（B 股）、资本市场单向对外开放阶段（QDII、QFII 和 RQRII）和资本市场双向对外开放阶段（沪港通交易制度、深港通交易制度）三大阶段，按成立背景、发挥作用、局限性和未来的发展等内容进行较详细的介绍，并分析沪港通交易制度与 QFII、RQFII 以及 QDII 的联系与区别，力图为我国资本市场进一步对外开放提供一些有益的经验。

第一节　资本市场对外开放进程

一、发行外资股阶段

B 股是指以人民币标明面值但需以外币购买的人民币特种股票，在上海证券交易所和深圳证券交易所上市进行交易，其中上海 B 股使用美元结算，深圳 B 股则使用港元结算。B 股市场成立于 1992 年，在 2001 年 2 月 19 日之前仅限于境外投资者购买，2001 年 6 月 1 日起 B 股市场开始对境内投资者开放。

B 股市场的建立是我国改革开放初期基于当时政治经济背景下的一次重要尝试。在 20 世纪 80 年代初，世界各国逐渐放松金融管制，纷纷开放其资本市场。随着国际资本流动加快，各国都试图借助于外资力量促进本国的经济发展。在这种背景下，国内资金需求日益增加，为了吸引外资筹集资金，我国政府决定建立 B 股市场。1992 年 2 月 21 日首只 B 股——真空电子在上海证券交易所的上市交易，标志着我国资本市场对外开放迈出了第一步。

B 股市场的确为我国开辟了一条筹资外资的渠道，曾一度是内地企业的融资平台之一，对我国经济的快速发展发挥了重要的作用。但是随着我国政策调整和资本市场境外融资渠道的拓宽，B 股市场存在的局限性越来越凸显。首先，B 股市场在成立之初，仅仅是作为特殊背景下筹资的一块试验田，过于强调筹资功能，但是随着香港 H 股以及 QFII 等制度发挥替代作用，B 股市场对境内投资者的吸引力越来越小。其次，B 股市场规模日渐萎缩，流动性差，呈现散户化特征。尤其是自 B 股市场向境内投资者开放以来，投资者的结构逐渐趋向于以境内个人投资者为主，虽然拓宽了 B 股市场的投资主体，但是 B 股市场为境内企业筹资外资的定位几乎完全丧失，融资功能的萎缩使其发展进退两难。目前 B 股市场自 2000 年后就没有新股上市，进一步加剧了 B 股市场的边缘化。

面对 B 股市场发展中的困境，一些 B 股公司也尝试实施注销或者转股等改良方案。例如，上柴股份于 2012 ~ 2013 年最先在上海证券交易所进行 B 股回购①，中集集团于 2012 年最先在国内市场实施 B 转 H 股②；阳晨 B 股于 2016 年首创 B 股转 A 股进行分离上市等③，这些公司为解决 B 股市场提出了一种新的解决思路。无论哪一种途径，都有一定的先决条件和限定条件，如何处理好 B 股市场这一遗留问题、最大限度地保护 B 股股东利益，仍需要监管层的思考。

二、资本市场单向对外开放过程

（一）QFII 制度

虽然 B 股市场的建立为外国投资者投资国内资本市场提供了一种渠道，然而境外投资者仍然无法投资我国占主导地位的 A 股市场。但是如果盲目开放境内 A 股市场，可能会导致境外投机性资本对本国资本市场的冲击。为此，作为一种过渡性制度安排的 QFII 制度就应运而生。2002 年 12 月，为了进一步推动国内资本市场对外开放，随着中国证监会和中国人民银行联合颁布了《合格境外机构投资者境内证券投资管理暂行办法》，标志着 QFII 制度

---

① 见《上海柴油机股份有限公司 关于 B 股回购的提示性公告》。
② 2012 年 12 月 19 日，中集集团（000039. SZ；02039. HK）在港交所主板上市并挂牌交易。上市首日，中集集团以 12.6 港元的价格（其 B 股最后交易日收盘价为 9.7 港元）高开，最终收报于 11.22 港元，上涨 15.67%。首例"B 股转 H 股"案例成功实施。
③ 见《阳晨 B 股关于换股吸收合并及分立上市 A、B 股证券账户转换操作指引（正式版）的公告》。

正式开始施行。

QFII（qualified foreign institutional investors），全称为合格的境外机构投资者，是指在我国人民币货币还不能完全实现可自由兑换、资本项目尚未完全开放的情况下，有限度地引进外资，逐步开放资本市场的一项过渡性制度安排。这种制度安排要求符合一定条件的外国投资者在通过我国监管部门对其注册资金数额、财务状况以及经营权限等内容的审批后，方能将外币兑换成人民币通过严格监管的专门账户直接投资于我国证券市场。为了控制境外投资者的规模，国家外汇局实行额度管理。2003年7月9日瑞士银行在中国A股市场选择宝钢股份、上港集箱（现上港集团）、外运发展以及中兴通讯进行了第一单A股交易，标志着QFII制度正式进入实际操作阶段。2006年，中国证监会、中国人民银行、国家外汇管理局联合发布了《合格境外机构投资者境内证券投资管理办法》，降低了QFII的准入门槛，鼓励境外的养老基金、捐赠基金以及信托公司等中长期资金入境投资。2007～2016年，我国不断放宽QFII投资额度上限，并于2016年2月将锁定期缩短为3个月。2018年6月10日，中国国家外汇管理局取消"QFII每月汇出资金不超过上年末境内总资产20%"的限制和本金锁定期的要求。2019年9月10日国家外汇局公告决定取消QFII的投资额度限制。上述这些措施大幅度降低了对QFII制度的管控，都是中国进一步落实资本市场开放政策的扎实步骤，标志着为境外投资者提供更广泛的开放渠道，进一步增强了QFII制度对境外投资者的吸引力，体现出我国资本市场不断开放的决心和信心。

作为我国资本市场对外开放的标志性事件之一，QFII制度的目的是稳妥、有控制地开放国内证券市场，为我国证券市场的发展提供资金，开辟了境外投资者投资境内资本市场的渠道。首先，QFII制度打破境内外资金流动的外汇壁垒，尤其在我国人民币自由兑换受到限制时，使境外投资者的资金通过合格机构进入国内资本市场，为我国证券市场的发展提供了大量资金支持，缓解我国境内上市公司的融资约束。其次，随着境外机构投资者持股比例的增加，QFII能够更直接地参与国内证券市场的日常经营管理活动中，有利于积极改善国内上市公司的治理机制，例如，由于境外机构投资者相对于境内投资者的优势，可以在一定程度上遏制国内股价操纵的现象，最终提高资本市场的资源配置效率。最后，QFII 制度有利于提高国内监管机构的监管水平，倒逼我国进行金融体制改革，进一步完善监管机制，从而建立国内证券市场监管的长效机制。经过十余年的发展，我国证券市场已经逐渐成为亚太地区具有影响力的证券市场之一。

（二）RQFII 制度

2011 年 12 月 16 日，中国证监会、中国人民银行和国家外汇管理局共同发布《基金管理公司、证券公司人民币合格境外机构投资者境内证券投资试点办法》，标志着 RQFII 制度正式进入运作轨道。RQFII（RMB qualified foreign institutional investor），全称为人民币合格境外机构投资者，是指符合条件的境外机构投资者在经批准的人民币投资额度内直接使用人民币在境内开展证券投资业务。这是继 QFII 制度实施以来我国进一步扩大资本市场对外开放程度的又一项重要举措。

2011 年，RQFII 首先允许证券公司、基金公司的香港子公司运用其在香港筹集的人民币对境内证券市场进行投资，初期试点额度为 200 亿元人民币，并且要求不超过 20% 的额度投资于权益类产品。2012～2018 年间，RQFII 投资额度不断扩容，RQFII 试点不断增加，投资比例和投资范围也在逐步放宽。2019 年 9 月，国家外汇局不仅取消了 RQFII 投资额度的限制，并同步取消了 RQFII 试点国家和地区限制。

总体上可以看出，RQFII 制度如同 QFII 制度一样，也是渐进式改革的临时性制度安排，在申请程序、投资范围、监控制度等内容上两者基本相同，因此也被称为"小 QFII"。不仅可以通过引入合格境外机构投资者以给境内资本市场提供资金支持，更重要的是在于改善 A 股市场投资者结构，培养境内投资者养成市场价值投资的理念。同时渐进式的制度安排在增加外资流量的同时，避免了跨境资金"大进大出"，保持了跨境资金平稳流动。但是相比以美元等作为主要结算货币的 QFII 制度，以人民币作为投资货币额结算工具的 RQFII 制度使境外投资者省去了以外币兑换人民币的程序，境外人民币可以直接回流到境内进行证券投资从而提高了投资效率，加速了人民币国际化的进程，最终有利于建立开放稳健的国内资本市场。

虽然 QFII 和 RQFII 制度的推进促进了我国境内资本市场的良性发展，但同时也伴随着一些共同且长期存在的问题。首先，伴随着 QFII 和 RQFII 制度的进一步拓宽，国内资本市场也更易受国际资本市场联动影响，增大资金的波动风险。因此，国内监管部门应该加强完善投资监控制度，密切监督机构投资者的账户开立、使用和资金汇划等境内投资行为，对资金跨境流动保持高度警惕，充分防范资金跨境流动风险，保证 QFII 和 RQFII 制度的合规运作及外资进入风险可控。其次，境外投资者构成复杂，并非所有的境外机构投资者都能进行价值投资，难免存在一些操纵市场行为。除此之外，目前对境外投资者的权益保护不足。针对这种问题，一方面，监管部门仍不能放松对境外投资者投资理念和资信状况等方面的重点审核，保证进入境内资本市场合格境外投资者的质量；另一方面，增加投资者权利保护和便利投资等法律法规，提高市场交易的透明度，改善境内投资环境，提高对境外投资者的吸引力，从而促进资本的有效配置。总之，资本市场对外开放应该坚持稳中求进原则。

(三) QDII 制度

QDII (qualified domestic institutional investor)，全称是合格境内机构投资者，是指在一国资本市场没有完全开放、人民币资本项目不可兑换情况下，经该国有关部门批准，有控制地、允许境内机构投资境外资本市场的股票、债券等有价证券投资业务的一项过渡性制度安排。这是与 QFII 相对应的一种过渡性投资制度。

我国增长迅速的外汇储备虽然有利于吸引境外投资者进行投资，但也使人民币面临着较大的升值压力。同时，资本应该是双向流动的，有流入就应该有流出。因此，有必要开辟一种积极的投资渠道来引导这部分外汇，QDII 制度的实施就成为一种有效选择。借鉴韩国、印度等国家和地区实施 QFII 制度的经验，2006 年 4 月，伴随着中国工商银行、建设银行等多家银行获得首批 QDII 牌照、国家外汇管理局下发第一批 QDII 购汇额度，我国 QDII 制度正式开始实施。2007 年中国证监会出台的《合格境内机构投资者境外证券投资管理试行办法》又对 QDII 制度准入条件、产品设计、资金募集、境外投资顾

问、资产托管、投资运作、信息披露等多方面内容做出了原则性规定，QDII
制度正式进入了全面发展的阶段。经过十几年的发展，银行、公募基金、券
商、保险、信托等金融机构开始为投资者提供不同类型的 QDII 产品，QDII
也成了境外证券投资的重要渠道。

QDII 制度的推行不仅有利于国内外汇资金的合理流出，缓解因外汇储备
增速过快给人民币带来的巨大升值压力，还可以为国内投资者提供更多的境
外投资机会，扩大国内投资者的投资空间。深远层次上更是能够推动国内投
资者投资理念与投资模式的逐步成熟，加快培育境内机构投资者，最终促进
国内证券业制度改革和创新。因此，QDII 制度的推行不仅是有序引导资金流
出方面的需要，而且也是资本市场有序渐进对外开放过程的重要步骤。

QFII 制度的推行也伴随着一些不利影响。国际金融市场的汇率波动日益
频繁，汇率风险已经成为 QDII 制度实施中面临的最主要风险。为此，无论
是商业银行、投资基金还是保险公司等，均应在启动海外投资时建立外汇
资金境外风险控制预警机制，防范汇率风险。除此之外，QFII 制度的实施
可能会导致境内市场的本币和外汇资金过度流出，所以我国监管部门要加
强对 QDII 投资主体的资格认定，尤其在资产规模、业务范围、经营业绩、
公司治理、风险控制、产品设计、人才资源等方面进行严格管理，本着稳妥
渐进、宁缺毋滥的原则，严格筛选符合资格的机构投资者。同时，把控符合
条件 QDII 投资主体的专门账户设立及投资运作过程，确保 QDII 制度的稳步
有序发展。

三、资本市场双向对外开放过程

从上述讨论分析可以看出，境外投资者需要通过 QFII 和 RQFII 制度投资
于国内证券市场，而境内投资者需要通过 QDII 制度投资于境外证券市场。但
是无论是 QFII 和 RQFII 制度，还是 QDII 制度，资本市场的对外开放均是单
向的。虽然 QDII 制度与 QFII 制度是反向操作，但是两种方式各自都是单向
且分割的。直到 2014 年 11 月 17 日沪港通交易制度的正式启动，为上海交易
所市场与香港交易所市场建立了方便的连接通道，才第一次实现了中国资本

市场资金的双向有序流动，随后的深港通交易制度也继承了双向开放的思想。结合本书的研究主题，我们对资本市场双向开放制度做详细介绍。

（一）沪港通交易制度

2014年4月10日，中国证券会和香港证监会发布联合公告，决定原则批准上交所、联交所、中国结算、香港结算开展沪港股票市场交易互联互通机制试点（本书简称"沪港通交易制度"）。2014年11月17日，沪港通交易制度正式开始实施①。"沪港通"包含沪股通和港股通两部分：沪股通指的是投资者通过联交所向上交所进行申报，买卖规定范围内在上交所上市的标的股票；港股通指的是投资者通过上交所向联交所进行申报，买卖规定范围内在联交所上市的标的股票。其中，中国结算、香港结算相互成为对方的结算参与人，为"沪港通"提供相应的结算服务。在沪港通交易制度试点成功的基础上，深港通交易制度于2016年12月5日正式启动②。"深港通"也包括深股通和港股通两部分：深股通指的是投资者通过联交所向深交所进行申报，买卖规定范围内在深交所上市的标的股票；港股通指的是投资者通过深交所向港交所进行申报，买卖规定范围内在港交所上市的标的股票。由于本书主要探讨沪港通交易制度的信息治理效应，所以不再对深港通交易制度做过多的介绍。

"沪港通"在2014年11月17日首日开通时，沪股通标的股票包括上证180指数成份股、上证380指数成份股以及"A＋H"股共568家上交所A股上市公司，其中上证180指数成份股由180只规模大、流动性好、行业代表性强的股票组成；上证380指数成份股则主要由380只拥有高成长性的股票组成。后期沪股通标的股票经历了数十次调整，经过调出和新入选，截至2016年底，沪股通标的股票包括574家上交所A股上市公司③，沪股通标的的股票具体调整情况如表2－1所示。港股通标的股票包括恒生综合大型股指数成份股、恒生综合中型股指数成份股以及"A＋H"股共268家上市公司。后

---

① ② 见《中国证券监督管理委员会、香港证券及期货事务监察委员会联合公告》。
③ 笔者计算整理。

期港股通标的股票也经历了数十次调整，截至 2016 年底，港股通标的股票增加到 316 只[①]。

表 2-1　　　　　　　　　　**沪股通标的股票调整情况**　　　　　　单位：只

日期	调入标的股票	调出标的股票	标的股票总数
2014 年 11 月 17 日	568	—	568
2014 年 12 月 15 日	28	27	569
2015 年 3 月 24 日	1	—	570
2015 年 3 月 31 日	1	—	571
2015 年 5 月 19 日	—	1	570
2015 年 5 月 21 日	2	2	570
2015 年 6 月 9 日	1	—	571
2015 年 6 月 15 日	31	33	569
2015 年 12 月 14 日	34	34	569
2016 年 4 月 1 日	—	1	568
2016 年 5 月 3 日	—	1	567
2016 年 6 月 13 日	31	30	568
2016 年 6 月 29 日	—	1	567
2016 年 8 月 22 日	1	—	568
2016 年 11 月 21 日	1	—	569
2016 年 12 月 12 日	35	30	574
合计	734	160	574

资料来源：香港联交所网站公告，笔者整理绘制。

在沪港通交易制度刚开始实行时，为了能有效控制沪港通交易制度可能对资本市场带来较大的波动冲击，沪港通交易制度实行总量管理，每日额度设置上限。2014 年 11 月 17 日首日开通时总额度为 5500 亿元，其中沪股通的总交易额度上限为 3000 亿元，日交易额度上限为 130 亿元；港股通的总交易额度上限为 2500 亿元，日交易额度上限为 105 亿元，而且香港证监会要求参

---

①　笔者计算整理。

与港股通的境内投资者仅限于机构投资者及证券账户及资金账户余额合计不低于 50 万元人民币的个人投资者。随着沪港通交易制度的平稳有序运行,自 2016 年 8 月 16 日起,"沪港通"总额度取消;自 2018 年 5 月 1 日起,沪股通每日额度调整至 520 亿元人民币,港股通每日额度调整至 420 亿元人民币。

(二)"沪港通"的运行情况①

1. "沪港通"的月净买入额②

沪股通和港股通标的股票在 2014 年 11 月至 2016 年 12 月的月净买入额趋势变化见图 2 - 1。从趋势图可以看出,沪股通标的股票的最大月净买入额 405.54 亿元出现在 2014 年 11 月,即"沪港通"开通当月,而最小月净买入额 -314.94 亿元出现在 2015 年 7 月;而在这一阶段港股通相对于沪股通的月净买入额波动浮动不大,最大月净买入额 589.82 亿元出现在 2016 年 9 月,最小月净买入额 -84.50 亿元出现在 2016 年 12 月。

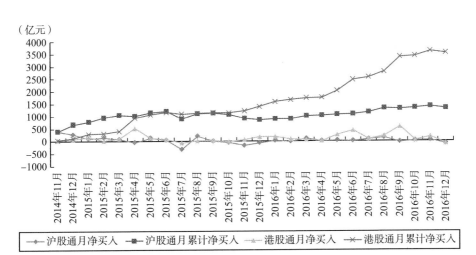

图 2 - 1　沪股通和港股通月净买入额和月累计净买入额

资料来源:笔者整理绘制。

---

① 东方 Choice 数据。
② 净买入额 = 买入成交额 - 卖出成交额。

2. "沪港通"的月累计净买入额①

沪股通和港股通标的股票在2014年11月至2016年12月的月累计净买入额趋势变化见图2-1。从趋势图可以看出，截止到2016年12月，沪股通月累计净买入额为1326.10亿元，港股通月累计净买入额为3533.94亿元。在2015年6月以前，港股通的月累计净买入额都小于沪股通月累计净买入额，但是在2015年6月以后，港股通的月累计净买入额大于沪股通月累计净买入额，且差额越来越大，沪股通月累计净买入额则稳定在1500亿元以下。

从图2-1可以看出，投资者在"沪港通"开通初期倾向于购买沪股通标的股票，但是在2015年6月以后更倾向购买港股通标的股票，"沪港通"的"北热南冷"局面被打破。但是，从沪港通交易制度的初始设置条件来看，这种情况不合常理。因为内地投资者不仅可选择的港股通标的股票数量明显低于香港投资者可选择的沪股通标的股票数量，而且还有个人投资者证券账户和资金账户的合计金额不少于50万元人民币这项资金门槛要求。据统计，符合此项资金门槛要求的个人投资者比例不到1%②。在此种背景下，香港投资者投资于内地沪市要远比内地投资者投资于香港股市更加容易。然而，从沪港通交易制度实施这几年的情况看，通过沪股通流入沪市的资金要远远小于通过港股通流入港市的资金，沪市资金呈现出向香港股市净流出状况。本书探讨这一不寻常现象可能存在的原因。

内地股市和香港股市之间制度环境的差异可能是导致沪市资金净流出现象的原因（董秀良等，2018）。香港股票市场在投资者法律保护方面要优于内地股票市场（Doidge，2004），内地的理性投资人更愿意将资金投入相对成熟的香港股票市场。因此，通过将内地这个新兴市场与香港这个相对成熟的市场进行对接，借此引入高效的外部治理机制和约束机制，倒逼我国股票市场优化治理机制，最终发挥市场在资源配置中的决定性作用，这才应该是沪港通交易制度实施的真正战略意义所在；切实加强国内市场的制度建设，才应该是目前的重

---

① 东方 Choice 数据。
② 笔者计算整理。

中之重。因此，资本市场起初"遇冷"没关系，长久稳定的市场活力才是最终的胜利，毕竟建立一个成熟开放的中国资本市场不可能是个一蹴而就的过程，也不应该过分期待某一项政策的短暂实施就能够彻底解决中国股票市场所面临的问题。作为资本市场渐进式对外开放的重大举措，沪港通交易制度的实施对香港和内地资本市场的影响必定深远，但这需要时间发展和完善。

3. 沪市和港市股价走势情况①

图2-2是2014年11月17日至2016年12月31日沪港两市股价走势图。其中左轴表示恒生指数，右轴表示上证指数。从走势图可以看出，沪港通交易制度的实施使上证指数尤其在2014年11月至2015年5月这半年间就从2683点一路暴涨到4612点，改变了内地A股市场长久以来交易低迷的状态。同时沪港通交易制度的实施也为香港股市注入了庞大的资金流，恒生指数也在这段时间内由23987点快速拉伸到了28133点左右的高位。从2016年1月开始，上证指数维持在3000点左右，走势平稳；而香港恒生指数走势维持在20000～22000点之间，有小幅度的增长。

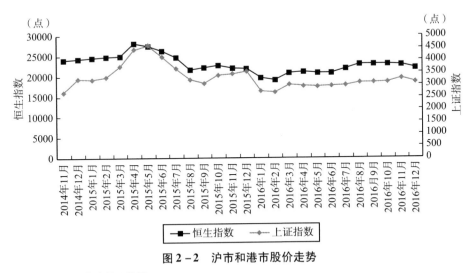

图2-2 沪市和港市股价走势

资料来源：笔者整理绘制。

---

① 东方Choice数据。

（三）沪港通交易制度实施的战略意义

首先，"沪港通"的开通从根本上改变了中国资本市场封闭的状况，投资者可以直接交易在上海证券交易所和香港证券交易所符合条件的标的股票，且能有效规避外汇交易管制政策。"沪港通"的开通不仅为投资者提供多元化的投资渠道，还能为沪港两市补充增量资金。尤其是为 A 股市场带来了更多的机构投资者，改善内地股市的投资者机构，进一步促进和倒逼国内资本市场改革，优化境内上市公司治理机制，最终提高国内资本市场的配置效率。其次，作为我国金融领域的一项重大创举，"沪港通"的开通打开了人民币资本项目可兑换的又一个突破口，是推动我国资本项目对外开放和人民币国际化的加速器。最后，"沪港通"的开通打开了中国资本市场双向开放的渠道，其试点的效果和经验也为其后陆续开启的"深港通""债券通""沪伦通"等新交易制度的实施提供了依据，进一步鼓励境内外投资者积极参与到全球资本市场的建设与互联互通中。

但是，沪港通交易制度的推行在深化我国资本市场对外开放的同时，也势必会给两地股市带来了较大的冲击。因此，在确保金融体系稳定的前提下，必须坚持稳健渐进的战略原则，稳步推进资本市场的进一步对外开放；同时要加大沪港两市的市场监管协调与合作，促进共同发展。

第二节　沪港通交易制度与 QFII、RQFII 以及 QDII 的区别

鉴于 B 股市场目前的边缘化地位，本书只对 QFII、RQFII、QDII 以及沪港通交易制度的主要区别做比较。

目前，境外投资者主要通过 QFII、RQFII 和沪港通交易制度中的沪股通进入 A 股市场进行交易，境内投资者主要是通过 QDII 和沪港通交易制度中的港通股在境外市场进行交易。那是否会存在一个问题：沪港通交易制度是否会对早先实施的 QFII、RQFII 以及 QDII 制度产生替代效应，是不是 QFII、

RQFII 等制度就不再发挥作用了呢？

　　虽然 QFII、RQFII、QDII 以及沪港通交易制度之间存在一定的相同之处，都是在中国资本账户未完全开放的背景下，为推动中国资本市场进一步对外开放而作出的特殊性制度安排。不可否认，沪港通交易制度对 QFII、RQFII 以及 QDII 制度会产生一定程度的政策替代效应。因为沪港通交易制度的实施，在中国内地和中国香港之间搭建了新的资本通道，鉴于香港的国际金融中心地位，沪市 A 股市场对香港投资者开放，实际上等于是向全球一切境外资本开放。国际投资者可以借道香港，以香港金融市场为跳板，在香港直接开户参与沪市 A 股市场的交易，迂回切入中国内地资本市场，无须再通过 QFII、RQFII 等制度的层层审批。因此，沪港通交易制度在某种程度上替代了 QFII、RQFII 以及 QDII 制度的通道功能，相对来讲更便捷且来去自由。

　　但是结合表 2–2 的分析，我们发现沪港通交易制度和 QFII、RQFII 以及 QDII 有着不同的运行机制和制度安排。

表 2–2　　　　　　　　QFII、RQFII、QDII 以及沪港通交易制度比较

项目	QFII	RQFII	QDII	沪港通	
				沪通股	港通股
启动时间	2002 年 11 月	2011 年 12 月	2006 年 4 月	2014 年 11 月	2014 年 11 月
申请资格	境外资产管理公司、保险公司、证券公司、商业银行等	国内金融机构的香港子公司、在中国香港、中国台湾，以及新加坡、伦敦取得资本管理资格的资产管理公司或注册地及主要经营地在这些地区的金融机构	境内投资者	香港投资者	机构投资者及证券账户及资本账户余额合计不低于 50 万元人民币的个人投资者
运行主体	主要通过资产管理公司	主要通过资产管理公司	主要通过资产管理公司	上海证券交易所	香港证券交易所

项目	QFII	RQFII	QDII	沪港通	
				沪通股	港通股
投资范围	股票、债券、基金、权证等	股票、债券、基金、权证等	股票、债券、基金、股指期货等	上证180、上证380、沪市"A+H"股	恒生综合大型股指数、恒生综合中型股指数、"A+H"股
额度	初始总额度为1500亿美元，目前已取消限制	初始总额度为200亿人民币，目前已取消限制	截至2019年10月31日，额度已增加至1039.83亿美元	初始总额度为3000亿元，每日额度为130亿元；2016年8月16日起，总额度取消；2018年5月1日起，每日额度为520亿元人民币	初始总额度为2500亿元，每日额度为105亿元；2016年8月16日起，总额度取消；2018年5月1日起，每日额度调整至420亿元人民币
投资方向	单向	单向	单向	沪股通和港股通构成一个双向投资方向	
币种	美元等外币	离岸人民币	一般为人民币	人民币	人民币
审批	资格、额度审批	资格、额度审批	资格、额度审批	几乎无	几乎无

资料来源：笔者整理绘制。

第一，申请资格和审批不一样。QFII 和 RQFII 有着较明确的准入要求和审批要求，资金汇出安排相对比较严苛；而沪港通交易制度除了港股通有境内投资者仅限于机构投资者以及证券账户及资本账户余额合计不低于50万元人民币的个人投资者这个要求外，几乎无准入门槛和审批要求，资金汇出入比较灵活。

第二，运行主体不一样。沪港通的运行主体是沪港两市的证券交易所，而证券交易所主要是负责监管股市；而 QFII、RQFII 以及 QDII 的运行主体主要是资产管理公司，资产管理公司主要是负责资产保值增值。

第三，投资范围不一样。沪股通的股票范围是上证180指数、上证380

指数以及上交所上市的"A＋H"股公司股票,港股通的股票范围是港交所恒生综合大型股指数、恒生综合中型股指数的成份股以及"A＋H"股公司股票,沪港通交易制度允许投资人对标的股票进行直接投资;而 QFII、RQFII 以及 QDII 的投资范围比较广泛,除了能投资股票外,还能投资债券、基金以及权证等产品。且目前境外机构对我国债券的投资额度远超过对股票的投资,因此 QFII 和 RQFII 制度在中国资本市场整体配置上一样具有实际意义。

第四,投资方向也不一样。沪港通交易制度包括中国内地投资者投资香港股市的港股通和香港投资者投资于中国内地股市的沪股通,是双向投资;而 QFII、RQFII 和 QDII 都是单向的,即使 QDII 与 QFII 是反向操作,但是两种方式各自都是单向且分割的。因此,沪港通交易制度与 QFII、RQFII 以及 QDII 虽有部分重叠,但是又不能完全替代。

通过以上对比分析,我们发现 QFII、RQFII、QDII 以及沪港通交易制度各有利弊,都是我国资本市场发展过程中不可或缺的关键步骤。如果监管层能够意识到这一点,合理运用各项制度的优势,且不断改进各项制度的劣势,使这些交易制度互相形成有益补充,我国的资本市场开放体系也会更加成熟完善。为此,可以从几个方面进行优化:首先,鉴于沪港通交易制度的优点,继续做实深港通、债券通以及沪伦通交易制度,逐步将债券、基金等产品纳入可投资范围。其次,加快 QFII、RQFII 等制度改革,可以考虑降低准入门槛、放松额度控制,取消不必要的资金汇出入限制。在进一步完善监管、防范资本跨境流动风险的背景下,也可以考虑取消审批管理等,采取一种更加市场化的管理方式。

第三节 本 章 小 结

本章主要包含两部分内容,第一节主要根据发行外资股阶段(B 股)、资本市场单向对外开放阶段(QFII、RQRII 和 QDII)和资本市场双向对外开放阶段(沪港通、深港通)这三个关键时间点对资本市场对外开放进程进行较详细的介绍,并重点介绍各项交易制度成立背景、发挥作用、局限性和未来的发展等内容。在此基础上，本章第二节对比了沪港通交易制度与 QFII、RQFII 以及 QDII 的联系与区别，并总结我国资本市场对外开放进程中的一些经验。可以肯定的是国内资本市场"引进来""走出去"的步伐不会停顿，资本市场的双向开放程度不断扩大。与此同时，完善市场制度环境、提高国内监管部门的市场监管水平也是资本市场发展过程的重中之重，这些都是中国资本市场走向强大的必由之路。本章的研究不仅有助于初步理解沪港通交易制度，也为后文的研究打下基础。

第三章

理论基础与文献综述

本章主要包括两部分研究内容。首先，阐述了本书涉及的相关理论：信息不对称理论、委托代理理论与投资者认知理论；其次，从资本市场对外开放相关研究和沪港通交易制度相关研究两个方面梳理了相关文献，并进行文献述评。

第一节 理论基础

一、信息不对称理论

由于社会分工造成不同市场参与者获取信息和认知信息的能力不同或者信息搜寻成本过高等原因，交易双方在获取信息的时间、数量和质量等方面存在不对称性，这就是信息不对称理论的主要内容。事前信息不对称会导致"逆向选择"

问题，事后信息不对称则会产生"道德风险"问题。阿克洛夫（Akerlof，1970）发表的《柠檬市场：质量不确定和市场机制》一文是研究信息不对称理论的最经典文献之一，随后学者们将信息不对称理论应用到多个领域。

在财务金融领域，信息不对称主要有以下三种情况：第一，公司内部管理层与外部投资者之间存在信息不对称。由于信息不对称的存在，使受限于市场信息披露机制缺陷和自身信息获取能力的外部投资者与管理层相比仍然处于信息劣势，当公司信息不对称程度越高时，管理层出于自身利益最大化考虑会隐瞒公司负面信息。外部投资者由于无法掌握公司真实的运营情况，容易虚高估计公司的价值，一旦被外部投资者知晓公司真实运营情况，股价便出现断崖式下跌（Kim et al.，2016），更严重时会造成股价崩盘。第二，公司内部管理层与股东之间存在信息不对称。基于委托代理理论，公司的经营权和所有权是分离的。作为公司的经营者，管理层掌握公司更多的信息，管理层可能出于职业晋升、薪酬等考虑会利用这种信息优势为自己谋取私利。第三，控股股东和中小股东之间存在明显的信息不对称。由于地位的不对等，控股股东会通过操纵企业经营管理而获得信息不对称的优势，进一步加剧信息的不对称性，侵蚀中小股东的利益。信息不对称会扭曲交易机制，严重降低了市场的运行效率。为此学者们试着研究降低信息不对称的途径。

要想从根源上降低公司的信息不对称程度，上市公司自身要完善信息披露制度，提高信息披露质量。除此之外，外部投资者要从多个方面收集和解读上市公司披露的信息，避免出现误判；股东也要加强对管理层的监督和约束，如要求管理层持股与自己利益捆绑，以此降低管理层的寻租动机和私利机会。结合本书的研究主题——沪港通交易制度的信息治理效应，发现沪港通交易制度的实施通过引进境外机构投资者进行监督进而影响管理层的业绩预告质量或者管理层出于吸引境外投资者持股以获取资金等动机也会主动提高信息披露质量，从而降低公司与外部的信息不对称，进一步提高资本市场的配置效率。

二、委托代理理论

委托代理理论是美国经济学家伯利和米恩斯于 20 世纪 30 年代提出的，倡导企业的所有权和经营权相分离，只要企业的所有权与经营权分离，作为委托人的股东和作为代理人的管理层之间就存在委托代理关系，这是第一类代理问题。在这种委托代理关系框架中，由于存在信息不对称，股东和管理层之间存在着较严重的利益冲突：股东的目标是实现公司价值最大化，希望管理层能够尽职尽责，努力增加股东财富；而管理层的目标往往是追求自身利益最大化，包括在职消费、职业晋升以及超额报酬等。两者之间的利益不一致，委托代理双方所追求的利益都是自身利益的最大化，这也符合理性经济人假设。

除此之外，控股股东和小股东之间也存在委托代理关系。这第二类代理问题主要出现在一些股权比较集中的国家，管理层往往由控股股东任命。这时，股东与管理层之间的委托代理问题不再是重点，由于控股股东持有少量股份就可以控制上市公司，使得控股股东有动机侵占中小股东的利益。弗里德曼等（Friedman et al.，2000）把大股东对小股东的利益侵占行为称为"隧道效应"，即大股东通过关联方交易、关联方担保甚至资金侵占等方式侵占上市公司中小股东的利益。约翰逊等（Johnson et al.，2000）则将这一行为定义为大股东的掏空行为。无论是哪一种委托代理关系，这种契约关系就可能导致公司效率极大的损失。因此，作为现代企业理论的重要组成部分，委托代理理论的核心任务是研究在利益冲突的环境下，股东如何设计最优契约机制来激励和约束管理层或者小股东如何规避控股股东的利益侵害。

企业所有者可以采用股权激励和合理的薪酬设计制度来激励公司管理层，使管理层的利益与股东的利益相一致。同时还要采取相应的监督手段和惩罚机制，例如，施莱弗和维什尼（Shleifer and Vishny，1997）研究表明投资者持股可以有效减少股东与管理层之间的委托代理问题。结合本书的研究主题，发现沪港通交易制度的实施不仅能够吸引更多境外机构投资者，还可以增加分析师的关注度，因此可以对管理层进行监督和约束。除此之外，还可以利用代理人的市场声誉督促代理人努力工作（Fama，1980）。

三、投资者认知理论

传统金融理论建立在完美市场和"理性人"假设基础之上，认为市场中的信息能够迅速且充分地融入股价，且投资者基于自身效用最大化可以有效地识别资本资产定价机制。但由于现实中的资本市场存在信息不对称、市场摩擦等一系列问题且投资者受限于自身获取信息的能力等原因，投资者能关注的市场信息都是有限的，因此投资者往往是有限理性的，存在一定程度的认知偏差。在此基础上，默顿（Merton，1987）首次基于不完全信息环境提出投资者认知假说，并检验了投资者认知度与股票预期报酬率以及公司价值之间的关系。研究发现，投资者认知度的增加会降低因不熟悉股票所产生的"影子成本"和投资者的期望收益率，最终增加公司价值。此后，以行为金融学为代表的有限理性假说大量运用到投资者的决策过程，研究普遍认为投资者具有的认知偏差对决策行为及公司价值有显著影响。例如，默顿（Merton，1987）考察了投资者认知度对股价波动的影响，研究发现投资者认知程度的提高会降低股价的异常波动概率，王春峰等（2018）研究发现提高投资者认知度有助于缓解股票价格延迟现象，降低股价崩盘概率。学者们对如何提高投资者认知度进行了广泛的探讨。

一方面，投资者认知度取决于市场上"知道"这家公司的投资者数量（Merton，1987），为此可通过到交易所正式上市或者境外上市发行股票来吸引更多的投资者，从而提高投资者认知度。作为新兴证券市场的代表，中国股票市场的投资者以个人投资者为主，不仅信息获取和分析能力较差，而且认知能力分布也不够均匀。因此，开放资本市场是管理者提高投资者认知度的可能途径之一。如果股票市场开放，将引入更多的外国投资者对本地股票市场的股票进行投资，这不仅增加了投资者数量，还将会降低公司的融资成本。另一方面，公司信息披露、新闻媒体、分析师推荐等是投资者获取信息的主要来源，受证券分析师、媒体报道较多的公司，投资者也更容易获得信息，投资者认知程度较高。而沪港通交易制度的实施必然提高分析师和媒体的关注度，从而能够提高投资者的认知水平。除此之外，由于信息融入股价的速度受到投资者对股票认知水平的影响，进而影响市场均衡的形成。因此，影响信息传递的公司治理机制必然能够影响市场均衡过程。雷光勇等（2014）研究发现高质量审计能够降低投资者的信息收集与处理成本，提升投资者对公司的认知水平。换句话说，当投资者对股票的认知度提高时，信息在市场中的传播速度加快，拓宽了其他投资者获取信息的渠道，并且促进了投资者对信息进行挖掘和解读，减弱了信息在投资者间分布的非对称性。

第二节　文献综述

一、资本市场对外开放相关研究

资本市场对开放往往伴随金融自由化的推进并成为金融自由化的主要表现形式之一（刘少波和杨竹清，2012）。根据卡明斯基和施穆克尔（Kaminsky and Schmuklex，2002）的概念界定，金融自由化分为三部分：资本账户自由化、国内金融部门自由化和股票市场自由化，其中资本账户自由化和股票市场自由化属于金融自由化对外方面。资本账户自由化是指不对资本跨国交易进行限制或对其采取可能会影响其交易成本的相关措施（陈雨露和罗煜，2007）；股票市场自由化，理论上包含银行业和证券等金融服务业的自由化开放，其中以股票市场对外国投资者的开放度为主要研究内容。结合本书的研究主题，我们只讨论金融自由化对外部分，在这部分文献综述时并不细分资本账户自由化和股票市场自由化，我们将其都作为资本市场对外开放的概念替代。沪港通交易制度的实施是我国资本市场对外开放中的关键一步，在沪港通交易制度实施之前，国内外学者针对资本市场对外开放进行比较广泛的研究。为了全面理解沪港通交易制度，本书首先从总体上梳理资本市场对外开放的相关理论与研究成果，然后具体结合本书的研究主旨对沪港通交易制度实施的相关文献和研究成果进行归纳和总结，预期梳理一个比较清晰的研究脉络，进而引出本书具体的研究立足点。

（一）资本市场开放经济后果研究

有关资本市场对外开放经济后果的研究始于宏观层面，实证研究最为丰富的领域之一是分析资本市场对外开放对经济增长和经济波动的影响，但是学术界至今尚未取得一致的结论（Bekaert et al.，2011a；Korinek，2011；Magud et al.，2011；熊衍飞等，2015）。一些学者研究认为资本市场对外开放加强了本国资本市场与世界其他各国的联系，可以产生协同溢出效应，但是另外一些学者却认为资本市场对外开放往往伴随着金融自由化，可能会导致资本流动不稳定，反而增加股票市场波动风险（Korinek，2011；Magud et al.，2011），更严重时可能会导致亚洲金融危机或者股灾等极端情况的发生，很多学者将1994年墨西哥比索危机和1997年亚洲金融危机的爆发归因于新兴经济体允许资本的自由流动。因此，资本市场对外开放犹如一把"双刃剑"，各国的政策制定者不得不权衡金融政策的收益和成本。进一步，鉴于宏观层面研究容易忽略企业之间存在的异质性，目前也有学者将资本市场对外开放经济后果的研究拓展到微观企业层面上进行，实证领域主要分析了资本市场对外开放对投融资、公司治理以及股价效率等内容，取得了较丰富的研究成果（Chan et al.，2012；Alfaro et al.，2014；饶育蕾等，2013）。本书主要从这些方面对以往学者们的文献进行具体梳理归纳。

1. 资本市场对外开放对经济增长的影响

传统的新古典增长理论认为金融自由化可以使国际资本在全球范围内流动，通过提高投资效率、分担投资者风险、改善国内技术以及倒逼国内制度改革等多种渠道促进经济增长（陈雨露和罗煜，2007；Loungani，2013）。大部分学者通过实证检验证实此种观点。贝克特等（Bekaert et al.，2005a，2005b）发现自由化会导致年经济增长率增加1个百分点，并导致产出波动性下降。古普塔和袁（Gupta and Yuan，2009）考察了股票市场自由化对新兴市场产业增长的影响，研究发现自由化通过减少融资限制而导致更高的增长。

钟娟等（2012）没有直接考察金融自由化对经济增长的影响，而是从决定经济增长质量的关键因素之一——创新产出出发，考察中国金融自由化对企业知识创新的影响，研究发现金融自由化能够显著增强创新产出的正向影响。埃波拉尔和波梅（Epaulard and Pommeret，2016）以 46 个新兴市场和发展中经济体为样本考察了金融一体化带来的福利收益，研究发现金融自由化可以促进经济增长。区别于其他学者基于整体经济增长的研究，江春等（2019）基于全要素生产率视角，考察资本市场对外开放的经济效应，研究发现资本市场对外开放能够通过改善国内资本配置效率进而提高全要素生产率，促使中国经济增长模式进一步转型。

但是有学者得出相反的结论。纳赛尔等（Naceur et al.，2008）考察了金融自由化对中东 11 个国家的影响，研究发现股票市场自由化没有显著影响经济增长，甚至可能对经济造成负面影响。卡里卡里（Karikari，2010）和福沃韦（Fowowe，2011）以撒哈拉沙漠以南非洲国家为样本进行研究，实证结果都发现金融自由化并没有促进经济和金融发展。米萨蒂和尼亚蒙戈（Misati and Nyamongo，2012）运用银行危机模型考察了金融自由化对撒哈拉以南非洲 34 个国家经济增长的双重作用，研究发现金融自由化对经济增长的抑制作用大于促进作用，呈现出混合效应。克莱恩和奥利维（Klein and Olivei，2006）的研究表明较不发达国家没有从金融自由化中收益。梅冬洲等（2019）将 158 个国家分为 OECD 和非 OECD 国家[①]，研究发现资本账户开放扩大了收入不平等程度，在非 OECD 国家中更为严重。

有学者认为金融自由化对经济增长的影响效果具有时变效应。艾肯格林和勒布朗（Eichengreen and Leblang，2003）研究发现资本账户自由化对经济增长的影响是有条件的：在金融不稳定时期，资本管制可以促进本国的经济增长；但是在金融稳定时期，资本自由化对资源配置和效率的积极影响往往占主导地位。卡明斯基和施穆克勒（Kaminsky and Schmukler，2007）通过构建一个新的金融自由化的综合年表，调和了这些明显矛盾的观点和实证结果，

---

① OECD，是经济合作与发展组织的简称，成立于 1961 年，目前有 36 个成员国，旨在共同应对全球化带来的经济、社会和政府治理等方面的挑战，并把握全球化带来的机遇，总部设在巴黎。

研究了金融自由化、政府机构和金融市场之间的时变关系，并证明了金融自由化与金融市场周期之间存在着非常明显的时变关系：金融自由化只会在短期内加剧金融不稳定，而从长远来看，金融市场趋于稳定，获得长期收益。[①]纳赛尔等（Naceur et al.，2008）利用中东和北非地区 11 个国家 1979～2005年的年度数据，讨论了股票市场自由化对经济增长的影响。实证结果表明，股市自由化对经济和投资增长没有影响，而对股市发展的影响短期为负，长期为正。但是，把股票市场自由化的某些先决条件包括在内时，研究发现，在自由化之前，更发达的股票市场、更少的政府干预和不完全对外开放的经济，加强了自由化对股票市场发展的积极影响（Klein，2005）。彭红枫和朱怡哲（2019）研究认为资本账户开放对中国经济增长的短期影响波动较大，中长期影响在 2011 年由负转正，其后存在边际递减效应，呈现出一定的规律性。

也有学者认为金融自由化与经济增长的关系未必就是线性关系（雷文妮和金莹，2017），可能存在着门槛效应。第一，开放程度。沃尔格勒（Wurgler，2000）、克莱恩和奥利维（Klein and Olivei，2008）考察了资本账户开放对各国金融深度和经济增长的相关影响，研究发现资本账户开放的国家比资本账户限制的国家拥有更大的金融深度，享有更大的经济增长。这表明健全的政策、体制和经济环境是充分获取实现资本账户自由化好处的前提，这些机构往往存在于工业国家，但在发展中国家并不常见。游宇和黄宗晔（2016）考察了不同类型的资本管制对经济增长的影响，研究发现对债券进行管制能够促进经济增长，而对股票和直接投资进行管制不利于经济增长，从反向角度证明了金融自由化能够通过优化资本结构促进经济增长。第二，制度环境。艾肯格林等（Eichengreen et al.，2011）研究发现资本账户自由化的积极作用仅限于金融体系相对发达、会计准则良好、债权和法治较强的国家。也就是说，各国必须在体制和经济发展方面达到一定的门槛，才能期望从资本账户自由化中获益（李丽玲和王曦，2016；阙澄宇和黄志良，2019）。第三，经济发展水平。由于"金砖五国"较好地控制了资本市场对外开放的

---

① 卡明斯基和施穆克勒（Kaminsky and Schmukler，2007）构建一个新的金融自由化的综合年表，包括自由化的主要方面：放松对国内银行业的管制、取消对国际资本流动的管制以及国内股票市场的自由化，提供了 63 次银行业自由化、67 次资本账户开放和 49 次股票市场放松管制的机会。

方向、速度和程度，国际资本流动显著提高金砖国家整体的经济增长效应（喻海燕和范晨晨，2018），但是"金砖国家"之间的个体发展水平差异对外部资本流动冲击的利好在短期内有负向扰动（王子博，2015）。[①] 智琨和傅虹桥（2017）以中低收入国家为切入点考察了不同类型资本账户开放对经济增长的影响，研究发现只有直接投资开放才能够显著促进经济增长；而证券投资和金融信贷开放反而抑制了经济增长。陈国进等（2018）将资本账户开放、财政政策与经济增长结合起来进行研究，研究表明随着资本账户的逐步开放减税政策对经济增长的推动作用越来越强，而政府支出政策对经济增长的促进效果越来越差。

针对截然不同的观点和存在的分歧，学者们尝试探讨存在差异的原因。奎因和丰田章男（Quinn and Toyoda，2008）认为冲突的先验结果在一定程度上与资本账户变量的测量误差或所研究的时间段有关，并使用集合时间序列、横截面 OLS 和系统 GMM 估计器来检验 1955～2004 年的经济增长率，研究发现资本账户自由化与发达国家和新兴市场国家的增长都有积极的联系。霍尼格（Honig，2008）将某一地区所有国家的资本账户开放平均水平作为该地区某一国家自由化的工具变量，来解决资本账户开放与经济增长之间存在的反向因果关系，研究结果表明自由化对经济增长具有显著的正向影响。除此之外，陈中飞和王曦（2019）采用吉辛格和布鲁恩（Guisinger and Brune，2017）构造的资本账户开放分类数据库，确定资本账户不同子项目先后的开放顺序，以此来保证我国经济平稳增长。具体来说，外商直接投资和信贷流入、资本市场和信贷流出较早开放，外商直接投资的流出和资本市场的流入较晚开放，房地产则最后开放。

2. 资本市场对外开放对金融稳定的影响

金融自由化打破国内市场分割，使国内市场与国际市场趋同一体化，但是金融一体化和金融稳定并非总是齐头并进的。金融自由化可能吸引具有短期视野的投机者和投资者，使经济暴露在国外的投机和经济或政治动荡中，

---

① "金砖五国"包括：中国、俄罗斯、印度、巴西和南非。

增加了该国面临国外的不确定性，从而导致股市波动加剧、资产价格泡沫和金融不稳定（Baele，2005；Korinek，2011；Magud et al.，2011）。更严重的是，在一个金融一体化的市场中，风险会扩散并溢出到金融市场的其他部分，增加金融脆弱性和系统性风险蔓延的可能性。但是也有学者得出不同的结论，研究认为金融自由化可能会减少股市波动，利于股市稳定（Ndako and Bida，2012）。还有学者认为金融开放对宏观经济波动性没有影响（Easterly et al.，2001；Ranciere and Tornell，2011）或者金融自由化与市场稳定性之间并不是单纯的线性关系（Angkinand，2010；黄均华，2017）。本书对学者们不同的观点进行具体分析。

克什奈德和托内尔（KSchneider and Tornell，2004）指出金融自由化会诱发银行业的金融危机，因为它增加了进入国际金融市场的便利性，增加了投机性活动，导致繁荣和萧条危机。托内尔和韦斯特曼（Tornell and Westermann，2005）则认为金融自由化在信贷限制和金融市场整体不完善的经济体中触发了贷款繁荣–萧条周期。塞姆勒和杨（Semmler and Young，2011）从不完善资本市场假设出发探讨了金融市场自由化、金融市场近期崩溃和政策反应等问题，研究发现金融市场的自由化和宏观经济环境的变化导致了金融繁荣与萧条的周期。如果没有适当的监管，过快的资本市场自由化可能会引发金融不稳定、传染效应和对经济实体方面的强烈负面外部影响，从长远来看会阻碍经济增长（Stiglitz et al.，2006）。普拉萨德等（Prasad et al.，2003）认为金融一体化会损害发展中国家尤其是穷国的利益，因为这些国家缺乏透明度、金融市场不发达，更容易受到汇率大幅波动和全球金融市场波动的影响，呼吁加强对资本流动的监管（Zhang and Bae，2015）。孙俊和于津平（2014）研究发现目前对外商直接投资过度开放、对外证券投资却严厉管制这两种较极端的情形都会加剧宏观经济波动，可能会使中国经济掉入"低增长、高波动"的极端陷阱，因此建议管理直接投资的效率和结果并逐步放松中国对外证券投资管制。波波夫和亚历山大（Popov and Alexander，2014）利用金融流动的外部冲击考察1973～2009年股票市场自由化对93个国家产出增长不对称性（偏斜性）而不是对称性（方差）成分的影响，研究发现对外国投资组合开放经济导致产出增长的负偏态显著增加，也表明了金融开放是新兴市场增长率不对称的重要决定因素。

也有学者指出资本市场开放也起到稳定市场的作用。詹姆斯和卡洛古（James and Karoglou，2010）考察了印度尼西亚金融自由化与股市波动的关系，研究发现"正式"向外国投资者开放股票市场后，波动性显著降低；在放宽准入条件和发放经纪业务许可证的改革后，市场开放前一年的波动性显著增加；亚洲危机时的波动性显著增加，随后在危机后的第二年和第六年大幅下降。这些研究从侧面说明印度尼西亚资本市场改革增加了与世界市场的一体化，使印度尼西亚股票的均衡过程更加有效；从侧面说明了市场自由化的行为似乎不太可能对这场危机负责，未能表明外国投资者参与新兴市场的特征是市场波动。卡西马蒂斯（Kassimatis，2002）和贝卡尔特等（Bekaert et al.，2005）研究都表明股市自由化促使外国投资者参与国内市场，这有助于减少波动，增加资本流入，改善金融基础设施服务，全球金融市场的一体化应该会带来更大的金融稳定（Stiglitz，2010）。同样，陶兴和皮特（Tauchen and Pitts，1983）、庄起善和张广婷（2013）研究发现资本市场开放可以引进国外先进的管理技术，促使国内管理层在进行决策时理性分析。同时伴随着金融市场规模不断扩大，金融产品日趋丰富可以分散投资风险。兰西耶（Ranciere，2008）研究发现，在金融自由化的经济中，系统性风险承担虽然提高了金融中介在崩溃发生时突然崩溃的可能性，但是降低了资本的目标成本，反而产生更高的长期增长。

既然金融自由化已成为资本市场改革中的关键环节，面对如此争议，有些学者针对金融自由化可能带来的风险提出了相应的解决措施。科斯等（Kose et al.，2011）提供一个统一的实证框架用于研究金融一体化进程中的门槛概念，并分析这一框架对资本账户自由化进程的政策影响。研究发现，在金融深度和制度质量等变量上存在着明显可识别的阈值，一旦这些阈值条件得到满足，金融开放的成本效益权衡显著提高。[①] 李欣欣和刘海龙（2015）认为国际收支不平衡是资本账户开放后引发货币危机爆发的根源，因此资本

---

① 科斯等（Kose et al.，2011）认为相关的阈值变量包括国内金融市场发展（特别是信贷市场的深度）、制度质量、贸易开放度、劳动力市场刚性和整体发展水平，具有不同程度的重要性最明显的阈值是基于财务深度和制度质量变量。

账户开放后政策目标之一是在维持国际资本账户基本平衡的基础上稳定汇率。程惠芳等（2016）研究发现选择实施浮动汇率或超级固定汇率制度可以降低资本账户开放带来的金融危机风险。同时为了缓解资本账户开放带来的资本外流压力，有学者提出在资本账户开放前应加快国内结构性改革、利率市场化改革、金融体系改革和汇率市场化改革，并建立金融危机预警应对机制，确保开放型经济的健康发展（张明，2016；黄志刚和郭桂霞，2016；杨小海等，2017；赵茜，2018）。

（二）资本市场对外开放与上市公司治理效应相关研究

1. 机构投资者的影响作用

在探讨资本市场对外开放的信息治理效应之前，本书首先探讨境外机构投资者的作用。毕竟，资本市场对外开放的目标之一就是通过引进境外投资者尤其是境外机构投资者。但是境外机构投资者是否能对资本市场尤其是新兴资本市场发挥作用也是一个引起争论的问题。境外机构投资者究竟是改善公司治理水平，还是随波逐流甚至与利益相关方合谋侵害小股东利益？目前还没有一致的结论。

部分学者对境外机构投资者持肯定态度，认为外国机构投资者已成为发展中国家公司治理的主要参与者，拥有较强的信息处理能力和丰富的经验，能够有效改善公司治理效应（Ferreira and Matos，2008；Aggaewal et al.，2011）。杜马等（Douma et al.，2003）对发展中国家公司的研究发现，国内机构投资者没有适当地发挥监督作用，这可以归因于发展中国家拥有大量股份的所有者和管理者较多，法律制度不足以防止管理层的风险。康等（Kang et al.，2010）以 2001～2007 年度外资持股比例在 5% 以上的样本公司为研究对象，实证研究了外国机构投资者对韩国股票市场公司股利政策的影响。研究发现外资机构投资者持股比例超过大股东的比例越大、外资机构投资者持股比例超过上年的比例越大，外资机构投资者对公司股利政策的影响越大、对公司股息增长的影响越强。为此，外国机构投资者应被视为新兴市场公司股利政策的决定因素之一，这就要求制定政策吸引外国长期机构投资者。阿加瓦尔等（Aggarwal et al.，2011）考察了 23 个国家境外机构投资者对公司治理的影响，研究发现境外机构投资者可能通过直接"用手投票"或"用脚投票"促使管理层提高公司的治理水平，而且对公司价值和董事会决策也有实际影响。贝纳等（Bena et al.，2017）研究发现外国机构持股比例越高，越倾向于对公司固定资本、智力资本和人力资本进行长期投资，并且能够在一定程度上对管理层的懈怠行为进行监督和惩罚，提高股东价值。

国内学者也有类似的结论。石凡等（2008）研究发现通过引进境外战略投资者可以有效降低 IPO 首日抑价，进而降低股权融资成本，提高上市公司的长期累计超额回报和企业价值；李春涛等（2018）也发现 QFII 持股能够促使上市公司提高信息披露水平，改善公司治理机制。

但是也有部分学者持否定态度，认为境外机构投资者并没有发挥有效的治理作用。刘成彦等（2007）以股权分置改革为时间点，发现在股权改革期间 QFII 表现出显著的"羊群行为"，"羊群卖出行为"高度一致。常（Chang，2010）使用五年的每周订单流数据探讨了新兴股票市场中合格外国机构投资者（QFII）的"羊群效应"，研究发现这种"羊群效应"有可能破坏市场稳定，表明新兴市场 QFII 交易政策存在着潜在的负面影响。钟等（Chung et al.，2016）考察了韩国股票市场中外国投资者交易对信息不对称的影响，研究发现，外国投资者交易与信息不对称程度（以买卖价差衡量）之间存在显著的正相关关系。归其原因，则是由于新兴市场缺乏健全的金融体系，投资者监管不力、所有权高度集中和投资者个人交易频繁，外国投资者（主要是知情和复杂的机构投资者）的交易往往加剧了国内市场的信息环境。李蕾和韩立岩（2013）在控制了可能存在的内生性问题后，研究发现 QFII 由于持股比例较低仅仅是"价值投资者"，仅仅选择绩优公司进行投资，而持股比例较高的国内机构投资者则是"价值创造者"。

除此之外，公司股权结构、公司治理环境等因素会影响境外机构投资者的投资偏差。达尔基斯特等（Dahlquist et al.，2003）研究发现新兴市场治理体系薄弱可能会抑制外国投资组合的流入。达尔奎斯特和罗伯特森（Dahlquist and Robetsson，2001）也发现外国投资组合投资者对所有权集中的公司投资不足。类似地，基姆等（Kim et al.，2010）以韩国股市为例，研究发现外资股权与公司的股权集中度呈负相关，但与公司改善公司治理的努力（如任命外国常驻外部董事）呈正相关；进一步，外资所有权还与公司流动性、系统风险、托宾 Q 值和 ROA 密切相关。克莱森和施穆克尔（Claessens and Schmukler，2007）在 1989~2000 年对 111 个国家的 39517 家公司进行的一项广泛研究中发现，如果公司来自规模更大、更开放、收入更高、宏观经济结构更好的经济体，那么它们更有可能国际化。米什拉和拉蒂（Mishra and Ratti，2011）考察了中国企业的公司治理和外资股权投资偏好的关系，研究发现治理结构是外商在华投资的重要决定因素。为了吸引外国投资者，中国的公司治理改革应着眼于制定高质量的会计准则、明确界定产权、健全运行的法律体系和可靠的合同执行，进行政府机构和法律制度改革，完善公司治理结构（Schipani and Liu，2002）。段云和李菲（2014）探究公司社会责任履行情况对 QFII 持股偏好的影响，研究表明上市公司对政府和员工的社会责任表现影响了 QFII 的选股偏好，针对是否具有估值优势的上市公司，QFII 更关注其政府维度和员工维度的社会责任表现。

2. 资本市场对外开放对投融资的影响

长期以来，全球股票市场资本自由流动面临诸多障碍，导致自我融资或银行融资是企业主要的资金来源，但这些资金来源一般也只有政府机构和大公司（如中国的国有企业）才能获取，特别是在新兴经济体的证券市场中。这些障碍使许多公司在筹资时面临着高昂的资本成本。因此，20 世纪 70 年代发达经济体和 80 年代后半期新兴经济体开始的旨在消除国际投资壁垒的市场改革和金融自由化也应运而生。资本市场不断开放的最初目的是进行融资和投资，降低资本成本，为经济的持续发展提供资金支持。

虽然早有学者在理论上预测发行存托凭证（DR）[①] 后的资本成本会降低，但这种自由化的经济效益却难以量化（Stulz，1997）。后来的学者不断进行探索和尝试，贝卡尔特和哈维（Bekaert and Harvey，1998）以及哈维（Henry，

---

① 存托凭证（DR），是指在一国证券市场流通的代表外国公司有价证券的可转让凭证，由存托人签发，以境外证券为基础在境内发行，代表境外基础证券权益的证券。

2000a）使用长时间估计窗口来衡量各种自由化对资本成本的影响。埃伦扎和米勒（Errunza and Miller，1998）选择 32 个国家的 126 家公司为样本，采用长时间和短时间的估计窗口，选择研究引入美国存托凭证（ADR）这种特定的金融自由化对资本成本的影响，结果表明市场自由化的确降低了股本成本（Henry，2000b；Bekaert et al.，2001），资本成本的降低会导致投资的增加（Zhang and Bae，2015），证实了金融市场自由化具有显著经济效益。但是也有学者得出不同的结论，伯克维奇和基姆（Berkovitch and Kim，1990）研究认为，较低的资本成本将激励企业进行过度投资，尤其对于自由现金流高的公司来说，这种过度投资的可能性预计会更严重。

黄（Huang，2003）研究发现外商直接投资能够使大量资金流入国内，缓解中国民营企业的融资约束。奥康纳和弗拉文（O'Connor and Flavin，2013）分析了股票市场自由化对新兴市场经济体公司融资决策（资本结构和债务期限）的变化，研究发现自由化导致同股同权结构公司（通常具有更强的公司治理和更好的信息环境）的债务依赖性降低，双重股权结构公司则延长其债务组合的到期日。还有证据表明资本市场自由化促进了企业投资。阿尔法罗和哈梅尔（Alfaro and Hammel，2007）发现，股市自由化与机械和设备进口在国内设备投资中所占份额的显著增加有关。福沃韦（Fowowe，2011）发现，金融部门改革对选定的撒哈拉以南非洲国家的私人投资产生了积极影响。查里和亨利（Chari and Henry，2002）使用约旦、韩国、马来西亚和泰国等四国的公司层面数据进行实证检验，研究发现典型的企业在账户自由化后的托宾 Q 值和投资都有所增加。德米尔（Demir，2009）研究发现在资本市场不完善的情况下，金融自由化预计会降低公司的代理成本和信息不对称程度，同时引导国内外储蓄以较低的成本投入到效率更高的投资项目中，从而推动资本市场的发展投资与增长（Shaw，1973）。塔姆和诺伊（Tam and Noy，2007）则利用 1984～2000 年 83 个发展中国家和发达国家的年度面板数据集，研究资本账户政策对外国直接投资流入的影响，发现制度因素（腐败和政治稳定）会影响资本管制和外国直接投资流动之间的联系程度，具体来说：在腐败和政治不稳定的环境中，资本管制很容易被规避；只有在腐败和政治风险较低的环境中，资本账户自由化才会增加外国直接投资流入。

加林多等（Galindo et al.，2007）利用来自 12 个发展中国家的公司级面板数据，提出了一个投资配置效率的综合指标，研究发现金融自由化提高了投资资金分配的效率。魏彦杰等（2015）使用主成分分析法考察了中国金融自由化、金融发展对上市公司投资水平变化的影响，研究发现：金融自由化加剧公司层面的投资水平差异，虽然这种差异扩大的原因来自投资优化配置，但是可能会加剧行业间投资水平的离散程度，增大潜在的风险程度，而金融发展会抑制这种有利的投资水平差异化。罗子媛和靳玉英（2018）以 63 个国家（地区）的上市公司为样本考察了资本市场对外开放对公司融资约束的影响，研究发现资本市场对外开放能为上市公司提供更多的金融信贷、商业信用和股权融资，尤其能够缓解中等偏下收入国家的上市公司融资约束。

3. 资本市场对外开放对管理层信息披露质量的影响

先前的研究表明交叉上市或者资本市场自由化可以改善公司的信息环境，促使本地公司提供更好的信息披露（Lang et al.，2003；Bae et al.，2006），而增加信息披露可以通过改善股市流动性和降低资本成本来提高公司价值（Balakrishnan et al.，2014）。朗等（Lang et al.，2003）发现，新在美国交叉上市的非美国公司提供了更高质量的披露，从而导致更大的市场反应。巴等（Bae et al.，2006）以韩国为研究对象探讨了资本市场对外开放、信息环境和公司治理效应之间的关系，研究发现资本市场对外开放度的提高能够减少管理层的盈余管理，促使公司提高信息披露质量，改善公司信息环境（Stulz，1999），以此吸引和留住外国投资者。曾等（Tsang et al.，2019）考察了外国机构投资者对公司自愿披露行为的影响，研究发现在资本市场对外开放后，随着外国机构投资者的引入，他们有更多的激励措施来监督管理者，总体来说改善了自愿披露行为。尤其当外国机构投资者对公司所在国不熟悉、投资范围更长或者来自比公司所在国更严格的投资者保护和披露要求的国家时，研究结果更为显著。

4. 资本市场对外开放对信息中介的影响

巴等（Bae et al.，2006）研究表明金融自由化能够提高分析师的关注度，跟踪本土企业的分析师数量也在增加。布恩和怀特（Boone and White，2015）发现境外机构投资者提高了股票的流动性和吸引更多的分析师跟踪。刘贝贝（2019）研究发现 QFII 能够提高分析师的关注度，但是并没有提高分析师的预测精确度。刘峰等（2009）研究表明境外上市并没有使大规模会计师事务所提供明显高质量的审计，但收取了相对较高的审计费用。易玄等（2016）检验了中国审计市场中合格境外机构投资者（QFII）的审计信任问题，研究发现：QFII 更信任具有较高声誉的国际"四大"会计师事务所，但是我国会计准则的国际趋同削弱了 QFII 对国际"四大"会计师事务所的审计选择。

5. 资本市场对外开放对股价信息含量的影响

资本市场对外开放是否会改善资本配置效率、提高股价信息含量也是学者们普遍关注的一个话题。基姆和辛格（Kim and Singal，1997）利用罗和麦金莱（Lo and Mackinlay，1988）的方差比检验对 11 个国家进行了检验，研究发现在股市自由化之后，资源配置更加有效。李等（Li et al.，2015）利用中国资本市场的独特特征，研究了交叉上市对企业特定信息的影响，研究发现外国投资者交易的交叉上市 H 股股票包含了更多的公司特定信息，提高了股价信息含量。但是川崎和莫雷（Kawakatsu and Morey，1999）对 16 个新兴国家和 3 个投资组合的数据进行检验，研究发现新兴市场股票市场价格在自由化前后的表现没有显著差异，因为这些市场在资本市场对外开放前就已经比较有效率。

大部分学者并没有得出绝对的结论，而是认为金融自由化是否对股票市场发挥作用取决于制度背景和透明度水平。基姆和沙姆斯丁（Kim and Shamsuddin，2008）研究发现市场效率随着股票市场发展水平的变化而变化，市场的定价效率取决于股票市场的发展水平以及有利于公司治理的监管框架，因此发达的股票市场可能导致定价效率的提高，而金融自由化后一些新兴市场几乎没有显示出市场效率的迹象。纳加维和劳（Naghavi and Lau，2014）考察 27 个新兴市场金融开放度与股票市场信息效率的实证关系，研究结果表明：金融自由化本身对提高股票市场效率没有影响，但是金融自由化与制度发展的互动效应使股票市场的效率更高。由于金融危机的影响，巴等（Bae et al.，2006）把研究已经转移到与信息效率相关的透明度的重要性上，金融自由化加上透明度差，增加了发生危机的可能性（Vishwanath and Kaufmann，2008），因此金融部门自由化的国家应尽一切努力提供必要的先决条件，以提高透明度（Chinn and Ito，2006）。饶育蕾等（2013）根据持有期将 QFII 持股分为短期投资和长期投资，研究发现只有 QFII 的长期投资能够降低上市公司的股价同步性，提高股价信息含量。

二、沪港通交易制度相关研究

结合前文的文献梳理与讨论，我们发现对资本市场开放经济后果的探讨是一件极为复杂的主题，难以得出一致的或非此即彼的结论。因此，问题的关键不在于是否选择开放，而在于如何权衡资本市场对外开放的成本和收益（刘少波和杨竹清，2012）。但是大部分学者只是就某一方面的具体问题进行讨论并得出结论，这是远远不够的，因为资本市场对外开放往往伴随着经济结构、金融发展、制度环境以及监管政策等的变化（Miletkov et al.，2009），这样仅仅直接关注经济后果的研究难以厘清一些并行的经济事件各自对资本市场造成的影响，而且如何采用一致可靠的方法系统性地量化各个国家的资本市场开放程度是一项非常困难的工作。更重要的是，一国的资本市场开放程度潜在地取决于当地的经济发展水平或者资本市场的成熟度，内生性问题也是必须要考虑的事情。为此本书只选择讨论中国沪港通交易制度实施这一事件对上市公司治理效应的影响，以期得出一些较为准确和干净的结论。

近年来，中国始终坚持对外开放的基本国策，不断推进资本市场对外开放进程，努力推动形成全面开放的新格局。2014 年 11 月 17 日，我国"沪港通"交易试点正式启动，作为资本市场对外开放的关键一步，沪港通交易制度的实施效果也引起了激烈的讨论。一方面，有学者认为沪港通交易制度的实施能够增强沪港两市的联动效应，尤其能够改善沪股通标的公司信息治理效应，提高资本市场信息效率（连立帅等，2018；钟覃琳和陆正飞，2018）。另一方面，有学者认为目前沪港通交易制度的实施效果还不尽如人意，并没有达到帕累托最优效应，并将原因归结为中国的制度环境（董秀良等，2018）。本书对相关文献从以下几个方面进行详细归纳总结。

（一）沪港通交易制度对两地股市跨境资本流动的联动性影响

有学者从股票市场的溢出效应方面来衡量两市之间的联动性。冯永琦和段晓航（2016）采用格兰杰（Granger）因果检验考察了沪港两市的联动效应，研究发现沪港通交易制度的实施在一定程度上增强了沪港股市的联动效应，尤其是沪市对港市的波动溢出效应得到了明显增强（Huo and Ahmed，2017）。徐晓光等（2017）从行业层面视角采用广义溢出指数法对沪港两市的行业间波动溢出效应进行考察，研究发现沪港通交易制度的实施通过市盈率效率、规模效应和投资者情绪变化等渠道提高了两市行业间的双向波动溢出程度，尤其是上证各行业对恒生行业的波动溢出效应显著增强。

也有学者从股票市场的一体化程度方面来衡量两市的联动性。谭小芬等（2017）研究发现沪港通交易制度的实施加快了两地股市的资本自由流动，显著降低了"A＋H"股溢价程度，有利于股票价格回归合理化。但是闫红蕾和赵胜民（2016）从微观视角对沪市和港市股票市场一体化程度变化进行考察，研究发现由于套利受限沪A股和香港股票市场之间的一体化程度较低且并没有提高趋势，因此提出可以通过套利交易促使价差收敛提高沪港两市股票市场一体化的交易策略。董秀良等（2018）也得出类似的结论，研究发现沪港通交易制度的实施并没有降低沪港两市的市场分割程度，两市的股票市场一体化程度也没有得到提高，并将原因归为沪港两市非对称的资金流动。方艳等（2016）研究表明沪、深、港、美资本市场之间的互联互通性逐渐增强，但并不是沪港通交易制度实施导致的结果。方艳等（2018）研究还指出尽管沪港股增加了沪港股市的关联度，但其市场效应仍会受内地单边市场政策冲击的抑制。

还有学者从股票市场风险传染方面进行研究。王鹏和吴金宴（2018）采用协高阶矩风险传染判定方法实证检验了沪港通交易制度实施对沪港两市股票市场间风险传染效应的影响，研究结果发现沪港两市之间存在双向的风险传染，且上海股市给香港股市带来的不确定性更大。

（二）沪港通交易制度对股票市场有效性的影响

钟凯等（2018）研究发现沪港通交易制度的实施通过提高上市公司信息披露质量从而降低了沪股通标的股票的异质性波动，进一步促进我国资本市场的稳定健康发展。刘海飞等（2018）采用最小生成树算法构建仿真模拟关联网络，研究发现沪港通交易制度的实施显著提高了两市股票市场的稳定性。纪彰波和臧日宏（2019）研究也发现"沪港通"有效降低了标的股票的整体波动性，通过扩大股票投资者基础、优化市场投资者结构从而促进股价稳定。潘慧峰等（2018）采用非参数面板数据方法考察了沪港通交易制度实施对沪股估值水平的影响，研究发现整个股市的股价估值水平呈现出明显合理化趋势。除此之外，也有学者研究发现"沪港通"通过知情交易或优化公司治理等机制提高股票价格的信息含量（Chen et al.，2017），降低股价同步性（钟覃琳和陆正飞，2018），也抑制了上市公司的股价崩盘风险（华鸣和孙谦，2018；李沁洋和许年行，2019）。

但是也有学者得出不太一致的结论。董秀良等（2018）研究发现由于沪港两地股票市场的制度环境和投资者保护水平之间存在着较大的差异，沪港通交易制度的实施仅仅是提高了香港股票市场的定价效率，反而降低了上海股票市场的定价效率，出现"南热北冷"现象。常等（Chang et al.，2018）研究发现在沪港通交易制度正式实施前，沪港两市股票市场的市场风险已经显著下降，沪港通交易制度实施后两市股票市场的预期效应虽然为正，但是两市股票市场的波动性却都显著上升。

（三）沪港通交易制度对上市公司治理效应的影响

师倩和姚秋歌（2018）研究发现沪港通交易制度政策的实施能够降低上市公司的信息不对称程度，缓解融资约束。陈运森和黄健峤（2018）、连立帅等（2018，2019）研究发现"沪港通"的开通通过改善信息环境提高了公司的投资效率，并最终提升上市公司的经营业绩。陈运森等（2019）发现沪港通交易制度实施有利于提升上市公司的现金股利支付。此外，还有学者从分析师、审计师等信息中介视角进行了探讨，有学者研究发现中国股票市场开放会提高分析师等中介机构对本地市场的关注度（高开娟，2018），而且还能够提高分析师的预测精度（郭阳生等，2018），从而改善了上市公司的信息环境。但是李沁洋等（2018）研究发现分析师为了吸引境外机构投资者持股扩大交易量，在沪港通交易制度实施后，沪股通标的公司的分析师乐观性偏差反而显著提高。罗棯心和伍利娜（2018）研究发现陆港通交易制度的实施会显著提高标的公司的审计质量和审计收费（张立民等，2018），从而促使管理层减少盈余管理行为（周冬华等，2018）。

除此之外，已有关于沪港通交易制度实施的研究把上市公司中最重要的"人"的因素考虑在内，强调了"沪港通"带来的管理层的动机和行为变化。高开娟（2017）研究发现"沪港通"能够降低上市公司的应计管理水平，但是却提高了公司的真实盈余管理，并促使上市公司在不同盈余管理方式之间转化，表明"沪港通"能够在一定层面上约束管理层的机会主义行为。亚伦（Aaron，2017）利用 PSM 和 DID 方法研究发现"沪港通"开通没有改变标的公司信息披露（新闻稿和管理层预测），但显著增加了私有信息披露（公司访问和电话会议），即使在较弱的监管环境下，自愿信息披露也给予了投资者信息，尽管这种信息来自私有（而非公开）渠道。邹洋等（2018）运用多期 DID 模型研究发现沪港通交易制度的实施通过改善上市公司的信息环境降低了公司管理层的违规行为，进一步优化公司治理结构。

三、文献述评

本章主要从资本市场对外开放和沪港通交易制度实施两方面进行文献梳理，主要涉及资本市场对外开放对经济增长、金融稳定、机构投资者、投融资、管理层信息披露质量、信息中介以及股价信息含量的影响和"沪港通"实施对两地股市跨境资本流动的联动性、股票市场有效性以及上市公司治理效应的影响研究。通过对相关文献进行梳理，可以看出无论涉及哪一方面的文献，学者们并没有得出统一的结论，这可能与一个国家的制度环境、发展水平、开放程度、行业、时间以及对风险的应对能力有关。所以在探讨我国资本市场进一步对外开放时，要密切关注 QFII、QDII、"沪港通"、"深港通"

等交易机制与国内经济金融条件的匹配性，进行国内体制改革，完善制度环境，从而降低甚至避免其负面影响，进而优化资本市场开放体系，保证我国资本市场的平稳健康发展。除此之外，在探讨沪港通交易制度的信息治理效应时，很多研究只是针对一个方面进行探索，没有形成一个较完整的逻辑框架。本书将基于预测视角——管理层预测和分析师预测两个方面研究了沪港通交易制度的内外部信息治理效应，并在此基础上探讨了沪港通交易制度对整个资本市场股价信息含量的影响，形成一个较完整的逻辑链条。

第四章

沪港通交易制度对管理层
业绩预告的影响研究

　　根据香农（Shannon）的信息论，资本市场的信息传递过程为：信息发布者（管理者、董秘等）发出信息，信息媒介（分析师、审计师等）对信息进行分析解读，最终传递给信息接收者（投资者、监管部门等）。在整个信息传递的过程中，有许多因素影响信息传递的效果，例如，上市公司自身的性质特征、资本市场信息环境等，但是较为直接的影响因素则是信息披露者、信息媒介以及信息接收者的特征（毛新述等，2013）。针对此类的研究有很多，然而，在回顾关于信息发布者或者信息媒介的相关文献时，拜尔等（Beyer et al.，2010）、李和张（Li and Zhang，2015）等提出此类研究中最大的难点之一在于分析中存在潜在的内生性问题，他们建议通过构造外生的冲击变量来识别信息发布者或者信息媒介与相关环境变量之间的因果关系。2014 年 11 月 17 日沪港通交易制度的实施，则为本章的研究提供了一个天然的"准实验"平台。本章以此为契机，从管理层预测行为和分析师预测行为两个视角探讨沪港通交易制度实施的内外部信息治理效应，以期得出一些有益的结论。本章主要从业绩预告视角探讨资本市场对外开放对管理层信息披露的影响，下一章则探讨基于分析师预测行为视角探讨资本市场对外开放对其的影响。

第一节　问题提出

基于委托代理理论，上市公司的管理层和股东之间存在着严重的信息不对称问题。作为管理层传递公司经营状况给外部投资者的主要方式，高质量的信息披露有助于优化资源配置，降低资本市场的信息不对称程度，对信息使用者产生重要的影响。作为公司重要的信息披露活动之一（李志生等，2017），管理层业绩预告可以在一定程度上反映上市公司未来的盈利水平（Rogers and Buskirk，2009），不仅会影响公司股票价格走势（张娆等，2017），有助于分析师有效预测和投资者决策（Yezegel，2015；Altschuler et al.，2015），还能够提前提供预测性盈利信息，降低上市公司定期报告集中披露的股价波动风险（洪剑峭和皮建屏，2002；Hirst et al.，2008）。因此，管理层业绩预告已成为资本市场参与者极为重视的前瞻性信息。

作为公司信息最核心的内部知情者，管理层理应发布较为准确的业绩预告。然而，很多上市公司的业绩预告水平却与真实盈余水平存在较大偏差。原因之一在于相比于定期盈余公告，业绩预告制度并未对业绩预告的时点和预告方式等作出明确规定，使得上市公司在业绩预告活动中存在较大的自由裁量权和操纵空间，这使作为内部人的管理层有动机利用信息优势采取利己的信息披露策略，例如，隐瞒对公司股价不利的"坏消息"（Jin and Myers，2006）。然而相关实践显示只有少数业绩预告披露违规的公司受到了处罚且诉讼风险较低（Song et al.，2011），另外，现行业绩预告修正制度的软约束无疑都加剧了这一自利动机。这一切都会直接降低市场对业绩预告的信任度，严重丧失投资者的信心，导致一系列严重的负面市场反应。随着我国上市公司业绩预告政策和监管制度的逐步完善，讨论如何提高管理层业绩预告质量已成为近年来研究的重要话题。

然而，在回顾管理层业绩预告的相关文献时，拜尔等（Beyer et al.，2010）、李和张（Li and Zhang，2015）等提出此类研究中最大的难点之一在于分析中存在潜在的内生性问题，他们建议通过构造外生的冲击变量来识别管理层业绩预告和相关环境变量之间的因果关系。幸运的是，2014 年 11 月 17 日，中国证监会和香港证监会发布联合公告开通的"沪港通"取消了沪市 568 只股票对于香港投资者的交易限制，极大地提升了 A 股市场的开放程度，受政策冲击影响的标的公司和不受政策影响的非标的公司为我们提供了很好的实验组和对照组样本，进而为股票市场开放的研究提供了干净的实验环境（陈胜蓝和马慧，2017）。为此，本章选择我国沪港通交易制度的实施为外生冲击变量，考察其对管理层业绩预告质量的影响，以揭示沪港通交易制度与管理层业绩预告之间的关系。这是本章需要研究的第一个问题。在此基础上，本章考虑沪港通交易制度影响管理层业绩预告的机制是什么？这是本章需要考虑的第二个问题。除此之外，本章考虑外部和内部环境对基本回归的影响。这是本章需要考虑的第三个问题。

基于此，本章基于"沪港通"这一外生交易制度为背景，利用 2012～2016 年 A 股上市公司数据，实证检验沪港通交易制度实施对上市公司管理层业绩预告行为的影响及其机理。采用双重差分模型（DID）研究发现，沪港通交易制度的实施显著提高管理层业绩预告质量；机制检验表明，沪港通交易制度的实施通过提高机构投资者持股比例、提高管理者能力来改善管理层业绩预告质量；拓展性检验发现，在国有性质、管理层权力强度较大以及环境不确定性程度较高的上市公司，沪港通交易制度能够显著提高管理层业绩预告质量。在使用"PSM + DID"、安慰剂检验、更换度量指标等稳健性检验后，研究结论依然成立。

本章的边际贡献主要体现在：第一，借助"沪港通"这一准自然实验平台，本章利用"PSM + DID"模型检验了资本市场开放对管理层业绩预告质量造成的影响，能够有效缓解两者之间面临的内生性问题，提高研究结论的稳健性。第二，不同于以往文献主要考察沪港通交易制度实施的经济后果（连立帅等，2018；钟凯等，2018）、资本市场信息效率（钟覃琳和陆正飞，2018）等内容，本章从管理层业绩预告视角考察了沪港通交易制度实施的内部信息治理效应，不仅丰富了外资持股和资本市场开放的研究内容，也为上市公司管理层信息披露提供了增量信息。第三，本章从机构投资者持股和管理者能力方面探究了沪港通交易制度影响管理层业绩预告质量的内在机理，厘清了资本市场对外开放与管理层信息披露行为之间的逻辑链条。

本章其余部分安排如下：第二节为管理层业绩预告文献综述，并在此基础上提出本章节的研究假设；第三节为研究设计，包括样本选择、变量定义、实证模型设定；第四节为实证结果与分析，包括描述性统计、基本回归、平行趋势假设检验、内生性和稳健性检验；第五节为影响机制分析与检验；第六节为拓展性检验；最后为本章的结论。

第二节　文献综述与研究假设

一、管理层业绩预告文献综述

我国的业绩预告制度始于 1998 年底，历经演变，在 2002 年形成年度会计业绩预告制度的雏形，在 2006 年将扭亏为盈加入了业绩预告的范围。从这之后，业绩预告的规定更加详尽，但实质内容没有太大变动的。按照目前的业绩预告制度，必须进行预告的年度业绩有预增、预减、亏损和扭亏四种类型[①]。上市公司自愿发布的不属于必须预告的业绩预告有略增、略减、续盈和预告业绩不确定四种类型[②]。

---

① 预增，即预计盈利并且相比上年增加 50% 或 50% 以上；预减，即预计盈利并且相比上年降低 50% 或 50% 以上；扭亏，即预计盈利并且上一年为亏损。

② 略增，即预计盈利并且相比上年增加 50% 以下；略减，即预计盈利并且相比上年降低 50% 以下；续盈，即公司预计盈利，但没有具体业绩数额。

　　管理层业绩预告是管理层在上市公司定期报告之前对预期盈余信息进行的披露。借鉴赫斯特等（Hirst et al.，2008）的研究框架，管理层业绩预告的研究主要包括三部分：业绩预告的前期因素、特征和后果，后果是由前期因素和特征决定的函数。与业绩预告的前因、后果相比，管理层对业绩预告的特征拥有更大的控制权和自主选择权。管理层业绩预告的特征主要包括业绩预告时间、频率、方式以及准确性等，在这些诸多特征中，准确性作为衡量管理层业绩预告可信度的关键指标，对投资者的判断决策有显著影响（Hirst et al.，2008），因而备受关注。

　　那么，哪些因素影响管理层业绩预告的准确性呢？现有研究主要从公司内部治理、外部信息中介和外部环境等方面探讨了其对管理层业绩预告准确性产生的影响。卡拉马努和瓦菲亚斯（Karamanou and Vafeas，2005）研究发现公司治理水平较高的企业提供的预测报告更加准确且较少出现预测偏误；独立董事在所有权平衡机制缺乏下也能显著提高管理者业绩预告质量（Song et al.，2013）。布恩和怀特（Boone and White，2015）发现机构投资者通过监督管理层降低公司的信息不对称程度，进而提高公司的信息披露质量。类似地，纳加夫等（Nagarv et al.，2019）利用美国数据研究发现为了应对经济政策不确定性对公司价值的不利影响，管理者会增加自愿性信息披露的频率和数量以帮助投资者更好了解公司经营活动。除此之外，相关学者也开始考虑高管行为对业绩预告准确性的影响，例如，赫里巴和杨（Hribar and Yang，2006）研究发现管理者的过度自信会导致管理层发布有乐观偏误的预测；张娆等（2017）研究发现当管理层存在自利动机时更可能发布有偏差的业绩预告，但是监管机构、分析师和媒体的监督力度具有显著的调节作用。

二、沪港通交易制度与管理层业绩预告

　　虽然已有文献考虑管理层的自然属性对业绩预告准确性的影响，但是这类研究存在的最大问题是可能存在互为因果的内生性问题，因此本章通过构造外生的冲击变量来识别管理层业绩预告和相关环境变量之间的因果关系。而2014年11月10日上交所发布的"沪股通公司应当重视并适应外部环境的

变化，进一步规范信息披露"等通知，为沪股通相关标的上市公司管理层的信息披露提出了新的要求。本章以此为契机，借助"沪港通"这一自然实验平台，全面检验沪港通交易制度实施对管理层业绩预告的影响，并探索其作用机理，预期得出一些有效的结论。本章主要从以下两个方面探讨沪港通交易制度实施影响管理层业绩预告的潜在机制。

（一）沪港通交易制度的实施通过引进境外机构投资者进行监督进而影响管理层的业绩预告质量

引进境外投资者、改善上市公司治理水平是资本市场对外开放的主要内容之一（连立帅等，2019）。根据以上内容，关于沪港通交易制度实施与管理层微观行为的研究主要关注境外投资者尤其是机构投资者的作用。与国内的机构投资者相比，境外机构投资者存在信息优势（Li et al.，2004），不仅具有成熟的投资理念（Ng et al.，2015），而且与上市公司管理层的私人联结更少，独立性更强（Ferreira and Matos，2008）。为了避免自身利益受到侵害，境外投资者有意愿且有能力通过积极的治理干预（如委派董事等"用手投票"方式）直接影响并监督管理层的治理行为（Aggarwal et al.，2011；刘京军和徐浩萍，2012），提高管理层业绩预测准确性（Tsang et al.，2019）。除此之外，在沪港通交易制度背景下，出于资金获取等动机（Yoon，2017；钟凯等，2018），管理层会主动提高信息披露质量，降低公司与外部的信息不对称，从而吸引境外投资者持股；境外投资者的交易行为反过来又能够将信息反馈至股价，增加股价信息含量，管理层可以从中获取有用信息，以此提高信息披露质量，有利于管理层更准确地预测信息。因此，本章认为境外机构投资者的引入能有效降低公司信息披露违规概率（陆瑶等，2012），提高上市公司信息透明度和管理层自愿性披露行为（Chen et al.，2007；牛建波等，2013）。

当然，也有一些研究认为境外投资者可能存在信息劣势（Choe et al.，2005），由于地理位置和文化差异等原因，境外机构投资者对于上市公司当地的信息知之甚少。在此种背景下，管理层业绩预告的准确性、及时性、对坏消息的披露程度等对境外投资者来说可能发挥更为重要的信号作用。当管理层预告质量较低时，股东可以通过出售股票等"用脚投票"方式倒逼管理层改善上市公司信息环境，尤其是股价下跌更会减少管理层财富并增加其被解雇、诉讼的风险。出于职业生涯考虑，管理层也会主动改善企业的信息披露质量（Pukthuanthong et al.，2017；李春涛等，2018）。因此，上市公司有动机改善自身的治理特征来吸引外资股东的进入，提高管理层业绩预告质量。

（二）沪港通交易制度实施可以通过提高管理者能力来改善管理层的业绩预告质量

除了管理层自利动机等主观因素外，管理者自身的能力高低也会影响业绩预告质量。管理者能力越高，收集、处理与预测相关信息的能力就越强，盈利预测的准确性也就越高（Baik et al.，2011）。在沪港通交易制度实施后，发达资本市场由于在信息搜集、处理与分析等方面更可能具备资金、经验、技术与人力资源等优势，会直接或间接地传递自身的价值投资理念，对新兴资本市场产生溢出效应（Gul et al.，2010），上市公司管理者可以接触并从中学习更先进的管理知识，提高自身整体能力。

另外，沪港通交易制度进一步实施后，频繁的外资进出会刺激资本市场上的国际投机活动，不仅境内资金外流可能给境内上市公司构成压力，而且增加了上市公司被并购的风险，管理层压力增加促使其提高管理层把控全局的能力（高开娟，2018）。管理层个人能力越强，盈利预测准确性越高。除此之外，管理层出于维护自身声誉的考虑，也会约束自身行为，减少失真信息的披露（李志生等，2017），通过披露更准确的盈利预测向投资者传递自身能力的信息。这些分析表明，高质量的盈利预测是管理层个人能力的函数。综上所述，沪港通交易制度的实施作为一种有效监督公司行为的外部治理机制，对上市公司的信息披露提出了更高的要求，促使公司管理层提高业绩预告质量。

为此，提出本章的基本假设：

假设4-1：相对于非标的上市公司，沪港通交易制度实施后沪股通标的上市公司管理层业绩预告质量得到显著的提升。

第三节 研究设计

一、数据来源与样本选择

本章选取 2012～2016 年度中国沪深 A 股上市公司作为初始研究样本，并根据以下原则对初始研究样本进行筛选：第一，考虑金融行业样本的特殊性，删除此类样本；第二，删除样本期间内 ST 公司和相关财务数据缺失的样本公司；第三，删除 2014 年 11 月 17 日以后新入选和被调出的标的股票。根据"沪港通"标的股票选择的要求，沪股通标的股票包含上证 180 指数成份股、上证 380 指数成份股、"A+H"股中符合要求的 568 家上交所 A 股上市公司。非沪股通标的股票包括未纳入上交所沪股通标的与全部深交所上市公司。"沪港通"标的股票名单来自香港联合交易所官网，管理层预测相关数据来自万德（WIND）数据库，其他财务数据均来自国泰安（CSMAR）数据库。本章涉及的连续变量在 1% 和 99% 的水平上进行 winsorize 处理。同时为了控制潜在的自相关问题，本章在所有回归中对标准误进行公司维度的 cluster 处理。

二、变量度量

（一）被解释变量：管理层业绩预告质量（*M_Forecast*）

本章借鉴李志生等（2017）和张娆等（2017）的做法①，管理层业绩预

---

① 大多数研究认为只要存在预告偏差即是为误预告，这可能并不合理。因为与真实业绩相比，预告业绩势必存在偏误，故应当判断预告误差是否处于可接受范围。中国证监会发布《关于股票发行工作若干规定的通知》中规定，若年度报告的利润实现数低于预测数 10%～20%，发行公司及其聘任的注册会计师应在指定报刊上作出公开解释并致歉。从上述规定可以看出，业绩预告值与年报实际值差异在 10% 以内为中国证监会可容忍偏差。

告质量的计算公式如下：

$$M\_Forecast = \left| (Fcap + Ffloor)/2 - ANetprofit \right| / \left| ANetprofit \right| \quad (4-1)$$

式（4-1）中，*Fcap* 和 *Ffloor* 分别表示上市公司预告净利润的上限值和下限值，*ANetprofit* 表示上市公司的实际净利润，*M_Forecast* 表示管理层的业绩预告质量，当其小于 10% 时，取值为 1，否则取值为 0。

（二）控制变量

参考张嫄等（2017）的研究，本章在模型中还控制了上市公司规模（*Size*）、资产报酬率（*Roa*）、资产负债率（*Lev*）、第一大股东持股比例（*Largeshare*）、独立董事比例（*Inderatio*）、两权分离度（*Separation*）、产权性质（*Soe*）、亏损（*Loss*）、董事会规模（*Board*）、两职合一（*Dual*）、市账比（*MB*）、现金持有水平（*Cash*）和管理层业绩预告的及时性（*Horizon*）等。本章主要变量定义如表 4-1 所示。

表 4-1　　　　　　　　　　　变量定义

变量类型	变量名称	变量符号	定义
被解释变量	管理层业绩预告质量	*M_Forecast*	当预告净利润上下限的均值与公告实际净利润差值的绝对值小于 10% 时，取值为 1，否则取值为 0
	自愿披露非强制信息的积极性	*Voluntary*	对于未达到强制披露标准的上市公司，若公司自愿披露业绩预告，*Voluntary* 取值为 1，否则为 0
	对坏消息的公开程度	*BadNews*	在公司管理层可以自愿选择是否披露业绩预告时若披露坏消息，*BadNews* 取值为 1，否则为 0
解释变量	沪股通标的公司虚拟变量	*Treat*	当上市公司进入沪股通标的上市公司名单，*Treat* 取值为 1，否则为 0
	沪港通交易制度实施时间虚拟变量	*Post*	沪港通交易制度实施之后的年度取值为 1，否则取值为 0，即 2012 年、2013 年、2014 年取值为 0，2015 年、2016 年取值为 1

续表

变量类型	变量名称	变量符号	定义
控制变量	上市公司规模	*Size*	等于期末总资产的对数值
	资产报酬率	*Roa*	等于净利润除以期末总资产
	资产负债率	*Lev*	等于负债总额除以资产总额
	第一大股东持股比例	*Largeshare*	等于第一大股东持股数除以上市公司总股数
	独立董事比例	*Inderatio*	等于独立董事人数除以董事会人数
	两权分离度	*Separation*	等于实际控制人拥有上市公司控制权与所有权之差
	产权性质	*Soe*	当公司实际控制人为国有时，取值为1，否则为0
	亏损	*Loss*	若公司净利润小于0时，取值为1，否则为0
	董事会规模	*Board*	等于董事人数
	两职合一	*Dual*	当董事长和总经理为同一人时，取值为1，否则为0
	市账比	*MB*	等于期末市场价值除以期末账面价值
	现金持有水平	*Cash*	等于现金持有量除以总资产
	管理层业绩预告的及时性	*Horizon*	管理层业绩预告发布日与盈余公告发布日之间的时间间隔
	行业	*IND*	行业固定效应，其中制造业按二级分类，其余行业按一级分类
	年度	*YEAR*	年份固定效应

三、计量模型设定

借鉴钟覃琳和陆正飞（2018）的研究设计，本章选择沪股通标的上市公司为实验组样本，以非沪股通标的上市公司（包括未纳入上交所沪股通标的和全部深交所的上市公司）为控制组样本，采用双重差分模型（DID）以更好地控制实验组公司和控制组公司之间的系统性差异。基本模型如下：

$$M\_Forecast = \beta_0 + \beta_1 Post \times Treat + \beta_2 Post + \beta_3 Treat + \beta_4 Size$$
$$+ \beta_5 Roa + \beta_6 Lev + \beta_7 Largeshare + \beta_8 Inderatio$$

$$+ \beta_9 Separation + \beta_{10} Soe + \beta_{11} Loss + \beta_{12} Board$$
$$+ \beta_{13} Dual + \beta_{14} MB + \beta_{15} Cash + \sum IND + \sum YEAR$$

$$(4-2)$$

模型（4-2）中，被解释变量为管理层业绩预告质量。$Treat$ 为是否是沪港通标的公司的 0，1 变量，当上市公司为沪股通标的上市公司时，$Treat = 1$，否则为 0。$Post$ 为沪港通开启时点的 0，1 变量，鉴于这一政策开始实施的时间是 2014 年 11 月，故本章定义 2012 年、2013 年、2014 年时 $Post$ 为 0，2015 年、2016 年时 $Post$ 为 1。交互项 $Post \times Treat$ 的系数 β_1 即为双重差分统计量，衡量了沪股通标的上市公司相对于非标的上市公司对管理层业绩预告质量的净影响。若 β_1 显著为正，则说明沪港通交易制度的实施提高了沪股通标的上市公司的管理层业绩预告质量，反之则反。除此之外，本章还控制了行业和年度虚拟变量。

第四节 实证结果分析与讨论

一、描述性统计

表 4-2 列示了主要变量的描述性统计结果，分别报告了其样本量、均值、标准差、最小值、25 分位数、中位数、75 分位数和最大值等统计量。$M\_Forecast$ 的均值为 0.3525，表明管理层业绩预告质量的样本约占全部样本的 35.25%；标准差为 0.4778，最小值为 0.0000，最大值为 1.0000，表明上市公司的管理层业绩预告质量差异较大。$Treat$ 的均值为 0.2101，表明沪股通标的上市公司占全部样本的 21.01%。$Size$ 的均值为 22.0519，标准差为 1.2804。Roa 的均值为 0.0549，标准差为 0.0553。Lev 的均值为 0.4232，标准差为 0.2155。$Largeshare$ 的均值为 0.3595，表明我国的"一股独大"现象比较严重；标准差为 0.1499，最小值为 0.0878，最大值为 0.7578，表明上市公司之间的差异较大。Soe 的均值为 0.3816，表明本章所选样本中国有性质的上市公司占有近 40%。控制变量与以往研究结果比较接近。

表 4-2 主要变量描述性统计分析

变量	样本量	均值	标准差	最小值	25 分位数	中位数	75 分位数	最大值
M_Forecast	11368	0.3525	0.4778	0.0000	0.0000	0.0000	1.0000	1.0000
Voluntary	11368	0.3198	0.4664	0.0000	0.0000	0.0000	1.0000	1.0000
BadNews	11368	0.0922	0.2893	0.0000	0.0000	0.0000	0.0000	1.0000
Post	11368	0.4358	0.4959	0.0000	0.0000	0.0000	1.0000	1.0000
Treat	11368	0.2101	0.4074	0.0000	0.0000	0.0000	0.0000	1.0000
Size	11368	22.0519	1.2804	19.2226	21.1326	21.8818	22.7729	25.9585
Roa	11368	0.0549	0.0553	-0.1999	0.0281	0.0511	0.0813	0.2559
Lev	11368	0.4232	0.2155	0.0479	0.2471	0.4101	0.5883	0.9870
Largeshare	11368	0.3595	0.1499	0.0878	0.2409	0.3417	0.4613	0.7578
Inderatio	11368	0.3742	0.0537	0.3077	0.3333	0.3333	0.4286	0.5714
Separation	11368	0.0478	0.0760	0.0000	0.0000	0.0000	0.0803	0.2882
Soe	11368	0.3816	0.4858	0.0000	0.0000	0.0000	1.0000	1.0000
Loss	11368	0.0894	0.2853	0.0000	0.0000	0.0000	0.0000	1.0000
Board	11368	8.6623	1.7119	3.0000	7.0000	9.0000	9.0000	18.0000
Dual	11368	0.2612	0.4393	0.0000	0.0000	0.0000	1.0000	1.0000
MB	11368	2.2524	1.5072	0.9244	1.3186	1.7658	2.6059	9.8932
Cash	11368	0.1693	0.1343	0.0105	0.0731	0.1287	0.2234	0.6511
Horizon	8126	4.5309	0.5422	2.1972	4.2341	4.4998	5.0304	5.2417

　　表 4-3 列示了单变量的双重差分分析。首先，本章分别检验非沪股通标的上市公司和沪股通标的上市公司在沪港通交易制度实施前后的管理层业绩预告质量差异。列（5）显示的是非沪股通标的上市公司在沪港通交易制度实施前后的管理层业绩预告质量变化，可以看出三个指标都有所降低；列（6）显示的是沪股通标的上市公司在沪港通交易制度实施前后的管理层业绩预告质量变化，可以看出三个指标都有所提升，尤其是管理层业绩预告质量（*M_Forecast*）在 1% 水平上显著提升。其次，本章比较沪股通标的上市公司

和非沪股通标的上市公司在沪港通交易制度实施前后的管理层业绩预告质量差异，列（7）显示，相比非沪股通标的上市公司，沪股通标的上市公司在受到"沪港通"冲击之后，管理层业绩预告质量（$M\_Forecast$）在 5% 水平上显著提高，自愿披露非强制信息的积极性（$Voluntary$）在 1% 水平上显著上升，对坏消息的公开程度（$BadNews$）在 1% 水平上显著提高。这表明与非沪股通标的上市公司相比，沪股通标的上市公司受到"沪港通"冲击后的业绩预告质量得到提升，初步验证了假设 4 - 1。此外，两个样本的资产报酬率（Roa）、股权性质（Soe）、亏损（$Loss$）、市账比（MB）和现金持有水平（$Cash$）等方面也存在显著差异。

表 4 - 3　　　　　　　　　　双重差分分析

变量	Treat = 0		Treat = 1		均值 Difference		Diff in Diff
	Post = 0 (1)	Post = 1 (2)	Post = 0 (3)	Post = 1 (4)	(5) = (2) - (1)	(6) = (4) - (3)	(7) = (6) - (5)
$M\_Forecast$	0.434	0.430	0.042	0.072	- 0.004	0.030 ***	0.034 ** (2.32)
$Voluntary$	0.404	0.374	0.049	0.057	- 0.030 ***	0.008	0.038 *** (2.73)
$BadNews$	0.127	0.093	0.017	0.023	- 0.033 ***	0.007	0.040 *** (4.52)
$Size$	21.616	21.901	23.098	23.389	0.285 ***	0.291 ***	0.005 (0.09)
Roa	0.053	0.054	0.067	0.051	0.001	- 0.016 ***	- 0.017 *** (- 7.19)
Lev	0.406	0.394	0.511	0.505	- 0.011 **	- 0.005	0.006 (0.69)
$Largeshare$	0.353	0.338	0.416	0.397	- 0.016 ***	- 0.019 ***	- 0.003 (- 0.42)
$Inderatio$	0.373	0.377	0.371	0.375	0.004 ***	0.003	0.000 (0.10)

续表

变量	Treat = 0		Treat = 1		均值 Difference		Diff in Diff
	Post = 0 (1)	Post = 1 (2)	Post = 0 (3)	Post = 1 (4)	(5) = (2) - (1)	(6) = (4) - (3)	(7) = (6) - (5)
Separation	0.049	0.043	0.054	0.053	-0.005 ***	-0.001	0.004 (1.07)
Soe	0.323	0.281	0.673	0.673	-0.041 ***	0.001	0.042 * (1.92)
Loss	0.101	0.093	0.040	0.088	-0.009	0.048 ***	0.056 *** (4.59)
Board	8.580	8.361	9.446	9.175	-0.219 ***	-0.273 ***	-0.053 (-0.61)
Dual	0.290	0.305	0.120	0.136	0.015	0.016	0.001 (0.07)
MB	1.967	2.891	1.638	1.982	0.924 ***	0.345 ***	-0.579 *** (-10.45)
Cash	0.186	0.165	0.143	0.140	-0.021 ***	-0.002	0.018 *** (3.57)

注：*、**、*** 分别表示在10%、5%和1%的水平上显著，括号内为 t 值。

二、基本回归结果与分析

表 4-4 列示了沪港通交易制度影响管理层业绩预告质量的双重差分检验结果。从列（1）可以看出，在没有控制其他控制变量时，交乘项 $Post \times Treat$ 的系数 β_1 为 0.6215，t 值为 3.46，在 1% 水平上显著为正；列（2）则控制了其他控制变量，交乘项 $Post \times Treat$ 的系数 β_1 为 0.6842，t 值为 3.75，仍然在 1% 水平上显著为正。回归结果意味着沪港通交易制度的实施有助于沪股通标的上市公司管理层业绩预告质量的提升，从而支持了假设 4-1。同时，资产报酬率（Roa）越高，管理层业绩预告质量越高；资产负债率（Lev）越高，上市公司的管理层业绩预告质量越低，表明当财务风险较大时，

管理层存在隐瞒信息的动机。当上市公司为国有企业（Soe）时，管理层的业绩预告质量降低。当上市公司存在亏损（Loss）时，为了避免加大外界对上市公司的不信任程度，管理层反而提高了业绩预告质量。同时，上市公司董事会规模越大（Board）、现金持有水平（Cash）越高，管理层的业绩预告质量越高。这和以往研究结果比较接近。

表 4 - 4　　　　　　　　　沪港通交易制度与管理层业绩预告质量

变量	M_Forecast (1)	M_Forecast (2)	M_Forecast (3)
Post × Treat	0.6215 *** (3.46)	0.6842 *** (3.75)	
Post	− 0.0372 (− 0.61)	0.0791 (1.04)	
Treat	− 2.7568 *** (− 16.83)	− 2.5188 *** (− 14.58)	− 2.4472 *** (− 10.45)
2012 year_dummy × Treat			− 0.2647 (− 0.87)
2013 year_dummy × Treat			0.0341 (0.12)
2015 year_dummy × Treat			0.4754 * (1.85)
2016 year_dummy × Treat			0.7317 *** (2.63)
Size		− 0.0694 * (− 1.79)	− 0.0641 * (− 1.81)
Roa		6.3442 *** (9.29)	6.3336 *** (9.32)
Lev		− 0.9779 *** (− 5.37)	− 0.9870 *** (− 5.49)

续表

变量	M_Forecast (1)	M_Forecast (2)	M_Forecast (3)
Largeshare		0.4057 * (1.93)	0.4069 * (1.94)
Inderatio		0.5548 (0.93)	0.5489 (0.92)
Separation		−0.5701 (−1.39)	−0.5798 (−1.41)
Soe		−0.6762 *** (−8.80)	−0.6772 *** (−8.84)
Loss		1.3502 *** (11.60)	1.3494 *** (11.60)
Board		0.0452 ** (2.13)	0.0442 ** (2.09)
Dual		0.0912 (1.46)	0.0907 (1.46)
MB		−0.0218 (−1.03)	−0.0169 (−0.95)
Cash		0.7777 *** (3.51)	0.7339 *** (3.37)
常数项	−0.6315 *** (−2.74)	0.0789 (0.09)	0.0608 (0.07)
IND	控制	控制	控制
YEAR	控制	控制	未控制
样本数	11368	11368	11368
Adj_R^2	0.1301	0.1779	0.1778

注：* 、** 、*** 分别表示在10%、5%和1%的水平上显著；括号内为 t 值。

三、平行趋势假设检验

采用双重差分模型（DID）的前提是检验平行趋势假设。若该假设成立，则沪港通交易制度对管理层业绩预告的影响是在沪港通交易制度实施之后，而在该制度实施前，沪股通标的上市公司与非沪股通标的上市公司的管理层业绩预告质量变动趋势不存在显著差异。借鉴陈运森和黄健峤（2019）的研究设计，我们选择沪港通交易制度实施的 2014 年为基准年份，设置 $2012year\_dummy$、$2013year\_dummy$、$2015year\_dummy$ 和 $2016year\_dummy$ 四个年份虚拟变量，当这一年份为 2012 年时，取值为 1，否则取值为 0，其他三个虚拟变量以此类推。将沪股通标的变量（$Treat$）分别与上述四个年份虚拟变量相乘，并将所得四个交乘项一并放入模型（4-2）中。具体回归结果如表 4-4 列（3）所示，交互项 $2012year\_dummy \times Treat$、$2013year\_dummy \times Treat$ 的系数均不显著，而 $2015year\_dummy \times Treat$ 和 $2016year\_dummy \times Treat$ 的系数分别在 10% 和 5% 的水平上显著为正。这表明在沪港通交易制度实施之前，沪股通标的上市公司和非沪股通标的上市公司的管理层业绩预告质量并不存在显著差异，支持了双重差分模型的适用性。同时，在沪港通交易制度实施之后，相对于非沪股通标的上市公司，沪股通标的上市公司的管理层业绩预告质量得到显著提高。

四、内生性问题

由于沪股通标的上市公司的选定并非随机，沪港通交易制度实施之前实验组和控制组之间的公司特征可能已经存在差异，这些差异导致事件前实验组和控制组的管理层业绩预告质量不一样，从而降低了双重差分估计的有效性。为了降低非随机选择可能导致的内生性问题，本章采用倾向得分匹配（PSM）方法为沪股通标的上市公司寻找配对样本，并对配对后的样本再次进行双重差分估计。

（一）倾向得分匹配（PSM）

首先，采用 Logit 模型考察哪些特征的上市公司能够成为沪股通标的股票。本章的匹配变量包括上市公司规模（*Size*）、资产报酬率（*Roa*）、第一大股东持股比例（*Largeshare*）、两权分离度（*Separation*）、产权性质（*Soe*）、亏损（*Loss*）、董事会规模（*Board*）、两职合一（*Dual*）、市账比（*MB*）以及行业和年度虚拟变量。其次，采用最近邻且非放回、卡尺值为0.01的匹配原则为每一个沪股通标的上市公司匹配到了相似的样本，最终得到匹配样本2904个。

（二）PSM 平衡性测试

本章接下来根据是否为沪股通标的上市公司，采用倾向得分匹配（PSM）方法估计沪港通交易制度对管理层业绩预告质量产生的"处理效应"。在进行倾向得分匹配回归估计之前，需要进行平衡性测试。表4-5列示了检验结果，可以看出匹配后所有变量的标准化偏差小于10%，而且变量 t 检验的结果都不拒绝处理组与控制组无系统差异的原假设，对比匹配前的结果所有变量的标准化偏差均大幅缩小，说明所有变量都通过了平衡性测试。这表明经过倾向得分匹配后，沪股通标的上市公司和非沪股通标的上市公司的特征差异得到了较大程度的消除。

表4-5　　　　　　　　　　　倾向得分匹配平衡性检验

变量	匹配情况	均值		标准化偏差（%）	t 检验	
		处理组	对照组		t 值	p 值
Size	匹配前	23.389	21.907	126.5	36.06	0.000 ***
	匹配后	23.29	23.371	-6.9	-1.39	0.164
Roa	匹配前	0.05055	0.05351	-5.4	-1.44	0.149
	匹配后	0.05011	0.05078	-1.2	-0.27	0.787
Largeshare	匹配前	0.39722	0.33757	39.9	11.41	0.000 ***
	匹配后	0.39171	0.39605	-2.9	-0.57	0.566
Separation	匹配前	0.05254	0.04338	12.0	3.43	0.001 ***
	匹配后	0.05389	0.05807	-5.5	-1.09	0.277

续表

变量	匹配情况	均值		标准化偏差（%）	t 检验	
		处理组	对照组		t 值	p 值
Soe	匹配前	0.67336	0.28214	85.1	23.82	0.000 ***
	匹配后	0.65932	0.63065	6.2	1.28	0.202
Loss	匹配前	0.08774	0.09312	−1.9	−0.51	0.607
	匹配后	0.0882	0.08379	1.5	0.33	0.738
Board	匹配前	9.1755	8.3613	46.0	13.14	0.000 ***
	匹配后	9.1367	9.1268	0.6	0.11	0.913
Dual	匹配前	0.13636	0.30516	−41.6	−10.59	0.000 ***
	匹配后	0.14112	0.14443	−0.8	−0.20	0.841
MB	匹配前	1.9823	2.8871	−60.0	−14.83	0.000 ***
	匹配后	2.0135	1.9395	4.9	1.29	0.198
Total	匹配前			41.6		0.000 ***
	匹配后			4.6		0.308

注：*、**、*** 分别表示在 10%、5% 和 1% 的水平上显著。

（三）基于倾向得分匹配的双重差分（PSM + DID）

接下来，本章根据是否为沪股通标的上市公司采用倾向得分匹配（PSM）方法估计沪港通交易制度对管理层业绩预告质量产生的"处理效应"。具体回归结果见表 4 - 6 列（1），可以看出，在控制了内生性问题后，交乘项 $Post \times Treat$ 的系数在 10% 水平上显著为正，再次证明了本章结论的可靠性。

表 4 - 6　　　　基于倾向得分匹配的双重差分和安慰剂检验

变量	PSM + DID （1）	安慰剂检验 （2）
$Post \times Treat$	0.4331 * (1.76)	−0.0230 (−0.08)

续表

变量	PSM + DID (1)	安慰剂检验 (2)
Post	0.2640 (1.42)	1.5350 ** (13.09)
Treat	− 2.4951 (− 11.48)	− 2.5167 *** (− 9.63)
Size	− 0.1040 (− 1.23)	− 0.0719 (− 1.51)
Roa	3.5248 ** (2.41)	3.9810 *** (5.50)
Inderatio	3.0020 ** (2.46)	0.1132 (0.16)
Separation	− 0.1865 (− 0.23)	− 0.3308 (− 0.73)
Soe	− 0.8945 *** (− 6.04)	− 0.4557 *** (− 5.32)
Loss	2.0945 *** (7.88)	1.2572 *** (9.27)
Board	0.0653 * (1.70)	0.0377 (1.48)
Dual	0.0959 (0.54)	0.0885 (1.25)
MB	0.0038 (0.06)	− 0.0051 (− 0.16)
Cash	1.1988 ** (2.08)	1.0153 *** (4.33)
常数项	− 0.0514 (− 0.03)	− 1.5333 (− 1.41)

续表

变量	PSM + DID (1)	安慰剂检验 (2)
IND	控制	控制
YEAR	控制	控制
样本数	2904	9373
Adj_R^2	0.2289	0.2110

注：*、**、***分别表示在10%、5%和1%的水平上显著；括号内为 t 值。

五、稳健性检验

（一）进行安慰剂检验（placebo test）

本章引入反事实框架，将沪港通交易制度实施年份向前推移 3 年，即假定沪港通交易制度于 2011 年实施，以此来排除处理组和控制组样本公司之间固有特征差异对研究结论的干扰。回归结果如表 4 – 6 列（2）所示，*Post* × *Treat* 的系数在假定政策发生时点情形下不再显著（系数为 – 0.0230 且不显著），说明沪港通交易制度实施后，沪股通标的上市公司管理层预测质量的提高并非由处理组和控制组样本公司的固有特征差异所导致，从而支持了本章的研究结论。

（二）其他稳健性检验

（1）采用新的两个方法重新度量管理层业绩预告质量：第一，自愿披露非强制信息的积极性（*Voluntary*）：对于未达到强制披露标准的上市公司，若公司自愿披露业绩预告，*Voluntary* 取 1，否则取 0；第二，对坏消息的公开程度（*BadNews*）：在公司管理层可以自愿选择是否披露业绩预告时若披露坏消息，*BadNews* 取 1，否则取 0。回归结果如表 4 – 7 列（1）和列（2）所示，可以看出 *Post* × *Treat* 的系数分别在 5% 和 10% 的水平上显著，再次验证了本章的基本回归结果。

表 4 - 7   其他稳健性检验

变量	采用新的度量指标		删除 2014 年的样本	2014 年度 Post 取 1	增加控制变量	采用面板固定效应模型
	Voluntary (1)	*BadNews* (2)	*M_Forecast* (3)	*M_Forecast* (4)	*M_Forecast* (5)	*M_Forecast* (3)
Post × Treat	0.3860 ** (2.06)	0.5039 * (1.78)	0.6962 *** (3.47)	0.6842 *** (3.75)	0.4254 ** (2.11)	0.0471 ** (2.53)
Post	0.0126 (0.16)	− 0.2355 * (− 1.93)	0.0772 (0.311)	0.0791 (1.04)	0.0858 (1.04)	
Treat	− 2.135 *** (− 14.14)	− 1.3688 *** (− 6.24)	− 2.5760 *** (− 13.08)	− 2.5188 *** (− 14.58)	− 1.8469 *** (− 9.97)	
Size	− 0.1990 *** (− 4.50)	− 0.3548 *** (− 5.96)	− 0.0474 (− 1.19)	− 0.0694 * (− 1.79)	0.0131 (0.33)	0.0047 (0.33)
Roa	3.8124 *** (5.13)	− 10.1291 *** (− 10.47)	6.3854 *** (9.03)	6.3442 *** (9.29)	8.9273 *** (12.07)	1.3321 *** (10.30)
Lev	− 1.5957 *** (− 7.87)	− 1.6552 *** (− 6.42)	− 1.0109 *** (− 5.32)	− 0.9779 *** (− 5.37)	− 1.2639 *** (− 6.79)	− 0.0984 * (− 1.93)
Largeshare	1.2094 *** (5.16)	1.1489 *** (4.22)	0.4919 ** (2.25)	0.4057 * (1.93)	0.5214 ** (2.36)	0.0437 (0.51)
Inderatio	1.1966 * (1.77)	0.3269 (0.38)	0.4567 (0.70)	0.5548 (0.93)	0.5060 (0.81)	0.0994 (0.65)
Separation	− 0.8016 * (− 1.77)	− 0.1705 (− 0.33)	− 0.4575 (− 1.09)	− 0.5701 (− 1.39)	− 0.0615 (− 0.15)	− 0.0873 (− 0.59)
Soe	− 0.9340 *** (− 10.13)	− 0.6009 *** (− 5.32)	− 0.6633 *** (− 8.36)	− 0.6762 *** (− 8.80)	− 0.4149 *** (− 5.23)	0.0329 (0.63)
Loss	− 2.6534 *** (− 10.92)	− 3.1598 *** (− 8.88)	1.3553 *** (11.01)	1.3502 *** (11.60)	1.1298 *** (9.91)	0.3079 *** (15.93)
Board	0.0770 *** (3.17)	0.0560 * (1.86)	0.0462 ** (2.04)	0.0452 ** (2.13)	0.0451 ** (2.06)	0.0057 (0.92)

续表

变量	采用新的度量指标		删除2014年的样本	2014年度 Post 取1	增加控制变量	采用面板固定效应模型
	Voluntary (1)	BadNews (2)	M_Forecast (3)	M_Forecast (4)	M_Forecast (5)	M_Forecast (3)
Dual	0.1703 *** (2.58)	0.0362 (0.44)	0.1030 (1.58)	0.0912 (1.46)	0.0156 (0.25)	0.0342 ** (2.09)
MB	−0.1831 *** (−7.63)	−0.2243 *** (−5.50)	−0.0221 (−1.02)	−0.0218 (−1.03)	−0.0265 (−1.18)	−0.0001 (−0.01)
Cash	0.9889 *** (4.10)	−0.0263 (−0.09)	0.8180 *** (3.55)	0.7777 *** (3.51)	0.8532 *** (3.66)	0.2176 *** (4.18)
Horizon					−0.3727 *** (−6.97)	
常数项	2.9767 *** (2.95)	6.5580 *** (4.91)	−0.3485 (−0.38)	0.0789 (0.09)	0.1242 (0.14)	0.1979 (0.38)
IND	控制	控制	控制	控制	控制	控制
YEAR	控制	控制	控制	控制	控制	控制
样本数	11368	11368	9216	11368	8125	11368
Adj_R²	0.2429	0.1377	0.1731	0.1779	0.1089	0.0366

注：*、**、*** 分别表示在10%、5%和1%的水平上显著；括号内为t值。

（2）由于沪港通交易制度于2014年11月开始正式实施，2014年上市公司管理层业绩预告可能受沪港通交易制度实施的影响，本章节删除2014年的样本，对模型重新进行检验。回归结果如表4-7列（3）所示，可以看出，在删除2014年的样本后，$Post \times Treat$ 的系数在1%水平上显著，再次证明了本章研究结论的可靠性。

（3）重新对时间变量（Post）进行界定：选择2012~2016年沪深两市的A股公司为研究样本，且2012年、2013年时 Post 取值为0；2014年、2015年、2016年时 Post 取1。回归结果如表4-7列（4）所示，可以看出，$Post \times Treat$ 的系数在1%水平上仍然显著，再次验证了假设4-1。

（4）考虑业绩预告及时性（*Horizon*）对管理层业绩预告质量的影响，本章在基本回归模型中添加控制变量 *Horizon*。参考古德曼等（Goodman et al.，2013）等的研究方法，本章用预告期的时间长度来衡量管理层业绩预告的及时性。一般来说，上市公司管理层业绩预告信息越及时，业绩预测准确性就越高。如表 4 – 7 列（5）所示：业绩预告期越长，管理层业绩预告质量越低。同时在控制了管理层业绩预告及时性（*Horizon*）后，*Post × Treat* 的系数在 5% 上仍然显著，再次证明了本章的研究结论。

（5）为了减轻遗漏变量所带来的影响，本章进一步采取固定效应模型进行检验。经过豪斯曼检验后采用非平衡面板数据构建双重差分固定效应（DID + FE）模型对模型（4 – 2）重新检验。参考贝克等（Beck et al.，2010）、王庶和岳希明（2017）、纪彰波和臧日宏（2019）的做法，模型不同于一般的双重差分模型，这里只包含了 *Post × Treat*，并未单独包含 *Post* 和 *Treat* 变量，因为它们已经包含在个体固定效应和时间固定效应中。回归结果如表 4 – 7 列（6）所示：交互项 *Post × Treat* 的系数仍然显著为正（系数为 0.0471，在 5% 水平上显著为正），表明沪港通交易制度政策的实施的确提高沪股通标的上市公司的管理层业绩预告质量，再次支持了本章的研究结论。

第五节　机 制 分 析

一、机构投资者持股比例

沪港通交易制度实施后，更多的境外机构投资者会参与到 A 股市场交易中。一方面，境外投资者拥有成熟的理念、理性的投资行为，更加注重价值投资，因而有助于降低股价波动幅度，降低管理层业绩预告难度，提高管理层业绩预告准确度；另一方面，境外机构投资者持股比例的提高有助于加强对管理层监督，防止内部人侵占，约束管理层盈余管理动机，提高私有信息的披露质量，并且降低获取公司层面信息的难度和成本（Karamanou and Vafeas, 2005）。因此，本章探究沪港通交易制度是否会通过机构投资者持股比例影响管理层业绩预告质量。

参考温忠麟等（2004）经典的中介检验三步法：第一步，检验沪港通交易制度实施是否能够显著提升沪股通标的上市公司的管理层业绩预告质量，此结果已在前文进行验证；第二步，检验沪港通交易制度实施是否能够显著提高机构投资者持股比例；第三步，检验沪港通交易制度实施和机构投资者持股比例同时对沪股通标的上市公司管理层业绩预告质量的影响。其中，机构投资者持股比例（Institution）为中介变量，管理层业绩预告质量（M_Forecast）为被解释变量。具体回归结果如表 4-8 所示，列（1）可以看出沪港通交易制度实施提高了管理层业绩预告质量（系数为 0.6842，在 1% 水平上显著）；列（2）可以看出沪港通交易制度实施还提高了机构投资者持股比例（系数为 0.0719，在 1% 水平上显著）；列（3）表明沪港通交易制度实施与机构投资者持股都显著提高了管理层业绩预告质量，并且列（3）Post × Treat 的系数显著小于列（1）中 Post × Treat 的系数。进一步报告了 Sobel 检验的结果，Sobel Z 值均显著为正，证明部分中介的结果成立，即沪港通交易制度的实施能够通过吸引更多的机构投资者从而提高沪股通标的上市公司的管理层业绩预告质量。

表 4-8 沪港通交易制度、机构投资者持股比例与管理层业绩预告质量

解释变量	被解释变量		
	M_Forecast（1）	Institution（2）	M_Forecast（3）
Post × Treat	0.6842 ***（3.75）	0.0719 ***（8.95）	0.6589 ***（3.61）
Institution			0.4051 ***（2.87）
Post	0.0791（1.04）	-0.0606 ***（-9.82）	0.1015（1.33）

解释变量	被解释变量		
	M_Forecast （1）	Institution （2）	M_Forecast （3）
Treat	− 2. 5188 *** （ − 14. 58）	− 0. 0036 （ − 0. 40）	− 2. 5144 *** （ − 14. 49）
Size	− 0. 0694 * （ − 1. 79）	0. 0790 *** （22. 52）	− 0. 1050 *** （ − 2. 57）
Roa	6. 3442 *** （9. 29）	0. 1121 * （1. 95）	6. 2526 *** （9. 13）
Lev	− 0. 9779 *** （ − 5. 37）	− 0. 0023 （ − 0. 13）	− 0. 9895 *** （ − 5. 40）
Largeshare	0. 4057 * （1. 93）	0. 3188 *** （15. 14）	0. 2536 （1. 19）
Inderatio	0. 5548 （0. 93）	− 0. 0684 （ − 1. 28）	0. 6220 （1. 04）
Separation	− 0. 5701 （ − 1. 39）	0. 5376 *** （14. 67）	− 0. 8290 ** （ − 1. 96）
Soe	− 0. 6762 *** （ − 8. 80）	0. 1056 *** （15. 00）	− 0. 7247 *** （ − 9. 18）
Loss	1. 3502 *** （11. 60）	− 0. 0084 （ − 1. 01）	1. 3687 *** （11. 66）
Board	0. 0452 ** （2. 13）	0. 0017 （0. 96）	0. 0465 ** （2. 18）
Dual	0. 0912 （1. 46）	− 0. 0195 *** （ − 3. 09）	0. 0949 （1. 52）
MB	− 0. 0218 （ − 1. 03）	0. 0507 *** （22. 01）	− 0. 0430 * （1. 91）
Cash	0. 7777 *** （3. 51）	− 0. 0041 （ − 0. 19）	0. 8239 *** （3. 71）

续表

解释变量	被解释变量		
	M_Forecast （1）	Institution （2）	M_Forecast （3）
常数项	0.0789 （0.09）	− 1.5962 *** （− 20.67）	0.7838 （0.84）
IND	控制	控制	控制
YEAR	控制	控制	控制
样本数	11286	11286	11286
Adj_R²	0.1779	0.4270	0.1787
Sobel Z		2.544 **	
Sobel Z-p 值		0.0110	
中介效应占比		0.0910	

注：*、**、*** 分别表示在 10%、5% 和 1% 的水平上显著；括号内为 t 值。

二、管理者能力①

根据前文理论分析，管理层业绩预告质量会受到管理者能力的影响。沪港通交易制度实施后，资本市场对外开放与上市公司面临收购的压力有利于提高管理者能力。管理者能力越高，管理层业绩预告精确度越高。因此，本章探究沪港通交易制度实施是否会通过管理者能力影响沪股通标的上市公司的管理层业绩预告质量。

同样参考温忠麟等（2004）经典的中介检验三步法：第一步，检验沪港通交易制度实施是否能够显著提升沪股通标的上市公司的管理层业绩预告质量，此结果已在前文进行验证；第二步，检验沪港通交易制度实施是否能够

① 借鉴德默尔坚等（Dermerjian et al.，2012）的做法，使用数据包络分析（DEA）方法分两阶段来计算管理者能力。首先，分行业分年度测算行业内企业的全要素生产率（θ）。其次，构建 Tobit 回归模型，将公司特有因素与管理者特征对公司全要素生产率的影响进行分离，计算的残差即为管理者能力（MA）。

显著提高管理者能力；第三步，检验沪港通交易制度实施和管理者能力同时对沪股通标的上市公司管理层业绩预告质量的影响。其中，管理者能力（*MA*）为中介变量，管理层业绩预告质量（*M_Forecast*）为被解释变量。具体回归结果如表 4 - 9 所示，列（1）可以看出沪港通交易制度实施提高了管理层业绩预告质量（系数为 1.0618，在 1% 水平上显著）；列（2）可以看出沪港通交易制度实施还提高了管理者能力（系数为 0.0198，在 10% 水平上显著）；列（3）表明沪港通交易制度实施与管理者能力同时显著提高了管理层业绩预告质量，并且列（3）*Post × Treat* 的系数显著小于列（1）中 *Post × Treat* 的系数。进一步报告了 Sobel 检验的结果，Sobel Z 值均显著为正，证明部分中介的结果成立，即沪港通交易制度实施能够通过提高管理者能力改善沪股通标的上市公司的管理层业绩预告质量。

表 4 - 9　　　　　沪港通政策、管理者能力与管理层业绩预告质量

解释变量	被解释变量		
	M_Forecast （1）	*MA* （2）	*M_Forecast* （3）
Post × Treat	1.0618 *** （2.66）	0.0198 * （1.70）	1.0478 *** （2.62）
MA			1.3048 *** （3.88）
Post	−0.2578 ** （−2.24）	0.0253 *** （4.29）	−0.2910 ** （−2.51）
Treat	−3.2888 *** （−8.18）	−0.0394 *** （−2.84）	−3.2326 *** （−8.06）
Size	0.0477 （0.83）	−0.0011 （−0.30）	0.0458 （0.80）
Roa	12.0561 *** （10.60）	1.1548 *** （21.56）	10.5112 *** （8.71）
Lev	−0.6519 ** （−2.41）	0.1224 *** （6.89）	−0.8100 *** （−2.97）

续表

解释变量	被解释变量		
	M_Forecast (1)	MA (2)	M_Forecast (3)
Largeshare	−0.0669 (−0.24)	−0.0078 (−0.40)	−0.0727 (−0.26)
Inderatio	−0.2405 (−0.28)	−0.1003 ** (−2.05)	−0.1369 (−0.16)
Separation	−0.2484 (−0.44)	0.0609 (1.59)	−0.3142 (−0.55)
Soe	−0.2045 (−1.49)	0.0013 (0.13)	−0.2106 (−1.55)
Loss	0.8883 *** (4.81)	−0.0065 (−0.69)	0.8980 *** (4.89)
Board	0.0213 (0.61)	−0.0060 *** (−2.85)	0.0287 (0.83)
Dual	0.0015 (0.02)	0.0001 (0.02)	0.0024 (0.03)
MB	0.0602 * (1.77)	−0.0021 (−1.12)	0.0639 * (1.88)
Cash	1.0058 *** (3.31)	0.0813 *** (4.59)	0.9224 *** (3.02)
常数项	−1.6985 (−1.27)	0.0938 (1.14)	−1.7312 (−1.31)
IND	控制	控制	控制
YEAR	控制	控制	控制
样本数	5084	5084	5084
Adj_R^2	0.1228	0.3574	0.1257
Sobel Z	1.90		
Sobel Z-p 值	0.091 *		
中介效应占比	0.0404		

注：* 、** 、*** 分别表示在10%、5%和1%的水平上显著；括号内为 t 值。

第六节　拓展性检验

本章节主要从上市公司自身、管理层自身以及面临的外部环境等方面探讨沪港通交易制度对沪股通标的上市公司管理层业绩预告质量的影响是否存在异质性。

一、产权性质的影响

沪港通交易制度的实施总体上会影响到管理层业绩预告质量，但这种影响程度有可能因企业产权性质的不同而存在显著差异。因此本章根据最终控制人性质将研究样本分为国有（$Soe = 1$）和非国有（$Soe = 0$）两组，分别检验沪港通交易制度实施对沪股通标的上市公司管理层业绩预告质量的影响，回归结果如表 4 – 10 列（1）和列（2）所示：在国有上市公司中，$Post \times Treat$ 的系数在 5% 水平上显著为正；在非国有上市公司中，$Post \times Treat$ 的系数虽然仍为正，但是不显著。采用 bootstrap 法重复抽样 1000 次比较两组样本之间的系数差异，经验 p 值等于 0.085，表明两组样本之间在 10% 水平上存在着显著差异。此结果表明沪港通交易制度实施能够在国有上市公司中发挥监督作用，以此提高管理层业绩预告质量。这与连立帅等（2018）研究发现沪港通交易制度实施后香港投资者对国有企业关注度更高的结论相一致。

表 4 – 10　　　　产权性质和管理层权力对基本回归模型的影响

变量	国有 （1）	非国有 （2）	管理层权力 高于中位数 （3）	管理层权力 低于中位数 （4）
$Post \times Treat$	0.5394 ** （2.33）	0.5520 * （1.77）	0.9237 *** （3.71）	0.3641 （1.29）

续表

变量	国有 (1)	非国有 (2)	管理层权力高于中位数 (3)	管理层权力低于中位数 (4)
Post	0.4211 *** (2.84)	− 0.0692 (− 0.75)	− 0.0141 (− 0.13)	0.1547 (1.39)
Treat	− 2.0970 *** (− 9.03)	− 2.8924 *** (− 10.49)	− 2.5262 *** (− 10.92)	− 2.5084 *** (− 10.16)
Size	− 0.1737 ** (− 2.42)	− 0.0120 (− 0.25)	− 0.0825 (− 1.59)	− 0.0478 (− 0.89)
Roa	2.0639 (1.59)	8.1186 *** (9.61)	6.3814 *** (6.49)	6.2288 *** (6.96)
Lev	− 0.5286 (− 1.55)	− 1.3073 *** (− 5.97)	− 0.9971 *** (− 4.11)	− 0.9111 *** (− 3.53)
Largeshare	1.2057 *** (2.92)	− 0.0225 (− 0.09)	0.4786 (1.59)	0.7642 ** (2.48)
Inderatio	1.9468 * (1.85)	− 0.2573 (− 0.35)	− 1.1002 (− 1.20)	2.0094 ** (2.41)
Separation	0.0396 (0.05)	− 0.7443 ** (− 1.50)	− 0.8997 (− 1.55)	− 0.0885 (− 0.16)
Soe			− 0.6210 *** (− 5.90)	− 0.6550 *** (− 6.17)
Loss	1.5767 *** (9.10)	0.9759 *** (6.44)	1.2829 *** (7.72)	1.4319 *** (9.03)
Board	0.0644 * (1.91)	0.0286 (1.04)	0.0129 (0.43)	0.0190 (0.48)
Dual	0.1943 (1.08)	0.0833 (1.26)	− 0.0077 (− 0.09)	0.0881 (0.91)
MB	− 0.0281 (− 0.63)	− 0.0099 (− 0.40)	− 0.0376 (− 1.22)	0.0019 (0.07)

续表

变量	国有 (1)	非国有 (2)	管理层权力 高于中位数 (3)	管理层权力 低于中位数 (4)
Cash	1.3260 *** (2.71)	0.5909 ** (2.35)	0.8702 *** (2.85)	0.6982 ** (2.29)
常数项	0.1783 ** (0.11)	0.4001 (-0.36)	1.2115 (1.03)	-0.9279 (-0.75)
经验 p 值	0.085 *		0.08 *	
IND	控制	控制	控制	控制
YEAR	控制	控制	控制	控制
样本数	4337	7029	5926	5440
Adj_R^2	0.1654	0.1291	0.1876	0.1748

注：*、**、***分别表示在10%、5%和1%的水平上显著；括号内为t值。

二、管理层权力的影响

根据前文论述，管理层业绩预告质量的改善在一定程度上依赖于管理者能力的提高，那么管理层自身权力的大小是否也会影响管理层的业绩预告质量呢？管理层权力理论认为，随着管理层权力的增长，管理层有动机利用权力进行寻租（Bebchuk and Fried，2005）。为了掩盖寻租行为，管理层通常会进行盈余管理或操纵信息披露（杨德明和赵璨，2014），从而降低了信息披露质量。那么当上市公司的管理层权力程度不同时，沪港通交易制度实施对沪股通标的上市公司的管理层业绩预告质量是否会产生不同的影响？

本章借鉴周美华等（2016）做法，通过对 CEO 与董事长是否两职合一、董事会规模、内部董事比例、股权分散度和管理层持股五个指标进行主成分回归，构建管理层权力强度综合指标（*Power*），管理层权力强度综合指标（*Power*）取值越大，管理层权力强度则越大。研究结果如表4-10列（3）和列（4）所示：在管理层权力较大组，沪港通交易制度的实施能够显著提高管理层业绩预告质量（系数为0.9237，在1%水平上显著）；而在管理层权力较低组，沪港通交易制度的实施并没有提高管理层业绩预告质量。采用 bootstrap 法重复抽样 1000 次，经验 p 值等于 0.08，表明两组样本之间在 10% 水平上存在着显著差异。原因可能为在管理层权力强度较大的上市公司，管理层为了寻租隐瞒公司的相关不利信息，信息不对称程度较高。沪港通交易制度实施后，境外机构投资者的进入加大了管理层进行寻租的难度和风险，削弱了管理层从事利己行为的动机。在此情形下，沪港通交易制度实质上是一种有效监督公司行为的外部治理机制，从而促使管理层提高盈余质量，减少利润操纵行为。这和沪港通交易制度实施后国有企业的管理层业绩预告质量显著提高有异曲同工之妙，毕竟我国国有企业"一股独大"等问题的存在使管理层面对更多的权力寻租空间，从而利用权力谋求自身利益最大化，降低会计信息披露质量。

三、环境不确定性的影响

除了上市公司和管理层自身会影响管理层业绩预告质量外，当上市公司面临的环境不确定性越大时，公司盈余波动性较大，其是否也会影响管理层的业绩预告质量？借鉴李丹和贾宁（2009）的做法，本章采用上市公司当年净利润与上一年净利润之间差额与上一年净利润比率的绝对值来衡量公司面临的不确定性程度（*EU*），并以其年度中位数为标准将样本划分为环境不确定性程度较高组与环境不确定性程度较低组，具体来讲，如果大于中位数，则被划分为环境不确定性程度较高组；否则为环境不确定性程度较低组。回归结果如表 4 – 11 列（1）和列（2）所示：在环境不确定性程度较高组，*Post × Treat* 的系数在 1% 水平上显著为正；在环境不确定性程度较低组，*Post × Treat* 的系数虽然仍为正数，但是却不显著。采用 bootstrap 法重复抽样 1000 次比较两组样本之间的系数差异，经验 p 值等于 0.061，表明两组样本之间在 10% 水平上存在着显著差异，此结果表明沪港通交易制度实施能够显著提高环境不确定性较高组的管理层业绩预告质量，进一步证明了沪港通交易制度实施可以部分替代环境因素对管理层业绩预告的影响。

表 4 - 11　　环境不确定性和市场竞争程度对基本回归模型的影响

变量	环境不确定性高 (1)	环境不确定性低 (2)	市场竞争程度高 (3)	市场竞争程度低 (4)
$Post \times Treat$	0.5873 *** (2.98)	1.1618 (1.56)	0.5121 ** (2.01)	0.9194 *** (3.13)
$Post$	0.1407 (1.47)	0.0330 (0.26)	0.1455 (1.46)	-0.0652 (-0.55)
$Treat$	-1.6871 *** (-9.31)	-4.9506 *** (-8.36)	-2.4082 *** (-13.52)	-2.7305 *** (-11.83)
$Size$	0.0408 (0.92)	-0.2210 *** (-3.47)	-0.1020 *** (-2.59)	-0.0300 (-0.66)
Roa	6.5062 *** (9.18)	6.7153 *** (5.24)	7.1730 *** (10.27)	5.3113 *** (7.01)
Lev	-0.7830 *** (-3.81)	-1.5246 *** (-4.73)	-0.9714 *** (-4.98)	-0.8923 *** (-3.97)
$Largeshare$	0.1849 (0.77)	0.7074 ** (2.09)	0.3893 * (1.81)	0.3397 (1.36)
$Inderatio$	0.2243 (0.31)	0.6824 (0.74)	1.3378 ** (2.04)	-0.4728 (-0.62)
$Separation$	-0.4332 (-0.92)	-0.9336 (-1.50)	-0.2054 (-0.51)	-1.1027 ** (-2.22)
Soe	-0.4819 *** (-5.66)	-0.9787 *** (-7.38)	-0.7078 *** (-9.08)	-0.6108 *** (-6.87)
$Loss$	1.2049 *** (10.82)	2.0701 *** (5.07)	1.3733 *** (11.07)	1.4165 *** (9.84)
$Board$	0.0218 (0.94)	0.0732 ** (2.10)	0.0604 ** (2.51)	0.0279 (1.10)
$Dual$	0.0072 (0.09)	0.2090 ** (2.28)	0.0520 (0.80)	0.1409 * (1.75)

续表

变量	环境不确定性高 （1）	环境不确定性低 （2）	市场竞争程度高 （3）	市场竞争程度低 （4）
MB	0.0205 （0.83）	−0.0778 ** （−2.19）	−0.0226 （−0.92）	−0.0214 （−0.82）
Cash	1.0004 *** （3.74）	0.4729 （1.37）	0.8395 *** （3.20）	0.7112 *** （2.58）
常数项	−2.0953 ** （−2.07）	3.3050 ** （2.33）	0.5526 （0.38）	−0.1733 （−0.17）
经验 p 值	0.061 *		0.173	
IND	控制	控制	控制	控制
YEAR	控制	控制	控制	控制
样本数	5981	5385	6051	5315
Adj_R^2	0.1092	0.3037	0.1440	0.2098

注：*、**、***分别表示在10%、5%和1%的水平上显著；括号内为 t 值。

四、市场竞争程度的影响

在产品市场竞争日益激烈的今天，公司面临的产品市场竞争和所处竞争地位会影响公司行为（Marciukaityte and Park，2009），如公司披露政策选择（Botosan and Stanford，2005）。作为一种外部公司治理机制，产品市场竞争能够缓解管理层和股东之间的代理问题（Leventis et al.，2011），降低信息不对称。那么当上市公司所面临的产品市场竞争程度不一样时，沪港通交易制度实施对管理层业绩预告质量是否有显著差异？这也是本章需要进一步探讨的问题。

本章利用赫芬达尔－赫希曼指数（HHI）来衡量产品市场竞争程度，并利用其中位数，将样本组分为高市场竞争程度组和低市场竞争程度组进行分组回归。当 HHI 低于中位数时，上市公司为高竞争程度组；当 HHI 高于其中位数时，上市公司为低竞争程度组。研究结论如表4－11列（3）和列（4）

所示：在竞争程度高组，$Post \times Treat$ 的回归系数为 0.5121，在 5% 水平上显著为正；在竞争程度低组，$Post \times Treat$ 的回归系数为 0.9194，在 1% 水平上显著为正。本章进一步采用 bootstrap 法重复抽样 1000 次验证 $Post \times Treat$ 的回归系数在两组上市公司之间的差异，得到经验 p 值 0.173，表明两组回归系数之间不存在显著差异。可能的原因是虽然沪港通交易制度的实施有利于监督市场竞争程度较低的上市公司，但是市场竞争程度较高的公司本身也可以约束管理层的自利行为。

第七节　本章小结

沪港通交易制度于 2014 年 11 月 17 日正式开始实施，本章以此为研究背景，使用 2012～2016 年数据基于管理层业绩预告视角探讨了沪港通交易制度的内部信息治理效应。使用双重差分模型，研究发现：第一，沪港通交易制度的实施能够显著提高沪股通标的上市公司的管理层业绩预告质量；第二，沪港通交易制度的实施主要通过引进更多的机构投资者和提高管理者能力来改善上市公司的管理层业绩预告质量；第三，从企业性质、管理层权力、环境不确定性以及市场竞争程度等方面进行拓展性检验，研究发现在国有企业、管理层权力强度较大以及环境不确定程度较高的上市公司中，沪港通交易制度的实施能显著提高管理层业绩预告质量，但是对市场竞争程度高低不同的上市公司影响并不存在显著差异。考虑到可能存在的自选择问题，本章还采用倾向得分匹配（PSM）方法、安慰剂检验、更换度量指标等进行稳健性检验，发现研究结论仍然不变。

本章的研究结果证明了沪港通交易制度实施能够有效发挥监督和"溢出"效应，有利于约束管理层的自利行为，从而提高了管理层业绩预告质量，降低了上市公司与外部的信息不对称程度，改善了公司的信息环境，发挥内部信息治理效应。本章的研究结论对进一步扩大资本市场开放水平具有较强的政策启示。

第五章

沪港通交易制度对分析师
行为的影响研究

本书上一章基于管理层业绩预告行为视角探讨了沪港通交易制度的内部信息治理效应。作为资本市场的重要参与主体，分析师行为自然也会受到资本市场对外开放的影响，本章则从分析师行为视角探讨沪港通交易制度的外部信息治理效应。

第一节　问题提出

理论上，作为资本市场中重要的信息桥梁，证券分析师利用其专业分析能力和信息优势将公司的财务分析报告传递给外部投资者，在缓解信息不对称方面发挥极其重要的作用，进而改善了资本市场信息效率。于（Yu，2008）研究发现分析师关注能够降低上市公司的盈余管理水平。但是，受制于各种利益冲突，证券分析师在报告盈利预测时表现出"盲目乐观性"特征，存在严重的选择性偏差（O'brien，1988）。更严重的是，这种乐观性偏差抑制了公司负面信息的传递，可能导致股价暴跌而出现崩盘风险（许年行等，2012）。因此，探讨如何降低分析师乐观性偏差，提高盈余预测精确度已成为学者们重点研究的话题。

现有研究主要从利益冲突（Mokoaleli et al.，2009）、认知偏差（朱卫东等，2016）、维护声誉（Welch，2000）以及信息不对称（伍燕然等，2012）等角度考察了分析师乐观性偏差存在的原因，并得到了实证检验支持。最近的研究也开始探讨外部基础制度对分析师乐观性偏差的影响，例如，李丹等（2016）和李志生等（2017）研究都发现引入卖空机制能显著降低标的公司的分析师乐观性偏差，提高分析师预测准确性；而褚剑等（2019）研究发现卖空机制的有限作用则导致分析师发布更加乐观的盈利预测，这源于融资融券制度的非对称交易。那么，作为资本市场对外开放里程碑的"沪港通"是否也会对分析师行为产生影响呢？这自然也值得我们深入分析。

2014 年 11 月 17 日，中国证监会和香港证监会发布联合公告，宣布沪港通交易制度正式实施，取消了沪市 568 只股票对于境外投资者的交易限制。资本市场进一步对外开放后，作为资本市场的重要参与主体，分析师行为自然也会受到资本市场对外开放的影响。因此，本章借助这一"准自然实验"，采用 2012~2016 年 A 股上市公司数据，考察沪港通交易制度对分析师关注行为和分析师预测行为的影响？这是本章需要探讨的第一个问题。在此基础上，本章考虑沪港通交易制度影响分析师关注行为和分析师预测行为的机理？这是本章节需要探讨的第二个问题。进一步，沪港通交易制度对分析师关注行为和分析师预测行为的影响是否会受到内外部信息环境的影响？这是本章需要探讨的第三个问题。

本章可能的边际贡献主要体现在：第一，已有文献主要基于利益冲突、认知偏差、投资者情绪以及声誉等方面探讨分析师乐观性偏差产生的原因，本章则将这一研究拓展到外部基础制度等内容，通过构造"准自然实验"，一方面可以缓解长久以来分析师预测与相关环境变量之间的内生性问题，另一方面丰富了资本市场进一步开放的经济后果。第二，本章从分析师关注度入手，研究发现沪港通交易制度的实施能够增加分析师跟踪数量，但是分析师跟踪数量的增加却没有降低分析师乐观性偏差。并在此基础上构造双重差分模型深层次剖析了机构投资者的双重属性——监督作用和压力作用，并结合上一章研究的管理层业绩预告质量，探讨了沪港通交易制度实施对分析师预测行为的影响机理，在"沪港通"的"交易制度—管理层—分析师"之间建立起一个比较完整的逻辑链条，为如何降低分析师乐观性偏差提供了新的解决思路。

本章其余部分安排如下：第二节为分析师关注和分析师预测行为方面文献综述，在此基础上提出本章节的研究假设；第三节为研究设计，包括样本选择、变量定义、实证模型设定；第四节为实证结果分析与讨论，包括变量描述性统计、基本回归、平行趋势假设检验、内生性和稳健性检验；第五节为影响机制分析与检验；第六节为拓展性检验；最后为本章小结。

第二节　文献综述与研究假设

一、分析师行为文献综述

作为重要的信息中介，分析师已成为资本市场中不可或缺的构成主体。分析师关注行为和分析师预测行为是分析师行为研究的两大主要内容。

（一）分析师关注行为

根据布尚（Bhushan，1989）建立的供需模型，学者们对分析师关注行为的研究都是基于分析师服务的供给和需求两方面进行分析。朗和伦多姆（Lang and Lundholm，1996）研究发现，公司信息透明度或信息披露水平的提升会显著提高分析师的关注，可能的原因是当公司的信息透明度或信息披露水平提升时，市场需要更多的分析师来解读披露的信息，增加了市场对分析师服务的需求或者降低了分析师预测的成本，增加分析师预测服务的供给（李丹蒙，2007）。徐欣和唐清泉（2012）研究发现，出于增加交易佣金和个人声誉的考虑，分析师往往有动机跟踪研发型企业的研发活动，因为分析和挖掘研发信息的收益要远远大于成本（Batrth et al.，2001）。博托桑和哈里斯（Botosan and Harris，2000）发现在公司披露季度分部报告的年度中，分析师的关注度增多。董望等（2017）研究发现上市公司的内部控制质量越高，分析师关注度越高。究其原因，是内部控制提高了公司的财务信息质量，降低了分析师收集信息和分析信息的成本，促使分析师提供更多的服务。同时，内部控制质量高的公司信息质量也高，则可能更依赖于分析师解读，从而增加分析师服务需求。

（二）分析师预测行为

国内外关于分析师盈利预测方面的文献大致可以划分为两个方面：一是从分析师盈利预测的准确性角度出发，深入研究衡量分析师盈利预测的方法以及分析师预测模型的精度（Ramnath，2008）；二是从分析师盈利预测产生偏差的角度出发，深入研究分析师盈利预测系统性偏差产生的原因以及相应解决措施。鉴于国内分析师乐观性偏差的普遍存在性，本章重点研究第二个问题：从分析师盈利预测产生偏差的角度出发，深入剖析分析师盈利预测偏差产生的原因，进一步寻求降低分析师乐观性偏差的途径。

分析师为什么会存在乐观性偏差？目前学者主要从利益冲突、认知偏差、信息不对称以及资本市场制度等四个方面来进行解释。第一，利益冲突。作为理性经济人的分析师所面临的利益冲突是影响分析师乐观性偏差的一个重要因素。作为分析师研究报告的最主要客户，机构投资者与证券分析师之间存在紧密的利益关系，机构投资者不仅掌握着与分析师收入水平直接挂钩的证券交易量所产生的佣金收入（Gu et al.，2013），还掌握了分析师职业晋升的重要途径——《新财富》最佳分析师的评选由机构投资者票选得出（赵良玉等，2013）。因此，为了获得更多的佣金收入和职业晋升，分析师有动机出具乐观的研究报告，尤其当机构投资者持股比例较高时，证券分析师倾向于发布更为乐观的评级报告（朱卫东等，2016）。然而，孔东民和王琪瑶

（2017）认为只有当证券分析师面临机构投资者作为买方带来的压力时，才倾向于增大乐观性偏差；而当面临机构投资者作为股东带来的监督压力时，倾向于降低乐观性偏差。

第二，自我认知方面。认知偏差也是分析师在盈余预测时出现乐观性偏差的一个重要因素（Mokoaleli et al.，2009）。基于上述逻辑，康等（Kang et al.，1994）认为分析师发布乐观盈余预测更多的是因为认知偏差，而作为有限理性经济人，认知偏差又不可避免，这也成为分析师发布乐观性偏差的合理化借口（朱卫东等，2016），他们倾向于将良好的结果归因于自己的行为，而将糟糕的结果归因于无法控制的原因。伍燕然等（2012）则从不完全理性的角度提出分析师情绪会影响对公司基本价值的判断，导致分析师盈利预测出现偏差。

第三，信息不对称方面。伍燕然等（2016）研究发现，由于信息不对称的存在，分析师很难完全掌握上市公司的所有信息来做出准确的预测。在此情形下，为迎合管理层来获得有效的私人信息，证券分析师倾向于发布偏乐观的盈余预测与管理层保持良好的关系（Lim，2001）。格林等（Green et al.，2014）也发现与管理层保持关联仍然是分析师获得信息优势的重要来源，作为上市公司信息的主要提供者，管理层也会对分析师发布乐观性的盈余预测行为产生影响。首先，管理层进行盈余管理会使得分析师难以判断公司的真实盈余情况，从而产生预测偏差（Abarbanell and Lehavy，2003）；其次，CEO 的乐观也会加剧这种行为，佛朗哥等（Franco et al.，2014）将CEO 乐观作为分析师预测偏差的来源，为了迎合管理层来获得有效的私人信息，即使证券分析师知道他们与乐观的 CEO 打交道，他们仍倾向于发布偏乐观的盈余预测与管理层保持良好的关系（Lim，2001），从而使自己获利，如更易被聘为上市公司独立董事（全怡等，2014）等。而赵良玉等（2013）则认为分析师是否发布乐观报告受获取私有信息价值的影响，只有当管理层发布的内幕信息价值足够大时，分析师才有动机出具有偏报告。

第四，资本市场制度方面。黄俊等（2018）研究发现由于卖空约束的存在，悲观投资者的看法难以有效反映到股价中，致使股价被过度抬高，背离其基本价值，导致分析师预测时出现乐观性偏差。

在明晰分析师乐观性偏差原因的基础上，一些学者提出了降低分析师乐观性偏差的途径。韩等（Han et al.，2018）认为通过访问上市公司可以在一定程度上抑制分析师的乐观预测行为，提高盈余预测的准确性。姜付秀等（2016）研究发现财务背景的董秘由于其具有较高的个人专业素养吸引更多的分析师跟踪，从而降低其预测误差。针对卖空约束导致的分析师乐观性偏差，一部分学者认为，引入卖空机制有助于促进对公司负面信息的挖掘和传播，降低分析师盈余预测偏差（李志生等，2015；Ke et al.，2016；Yun et al.，2018）。但是另一部分学者却得出完全相反的结论，王攀娜和罗宏（2017）指出受报升规则、内幕交易以及噪音交易者的限制，放松卖空管制反而会促使分析师发布乐观盈利预测，这主要源于融资融券的非对称交易（褚剑等，2019）。除此之外，谭跃等（2013）发现公平信息披露规则的实施会增加分析师盈利预测的乐观性偏差。

二、沪港通交易制度与分析师行为

（一）沪港通交易制度与分析师关注行为

根据上述分析，分析师关注行为是由分析师服务的供给和需求两方面决定的。那么，沪港通交易制度的实施是否也会影响分析师的关注行为呢？沪港通互联互通机制的实施允许香港投资者通过当地证券公司直接购买规定范围内的沪市股票，降低了其投资中国 A 股资本市场的交易成本，能够吸引更多的境外投资者参与公司股票交易，为我国资本市场带来了增量交易，也增加了对资本市场的信息需求。一般来讲，相比较境内投资者，境外投资者在信息搜集、处理与分析能力等方面具有信息优势，因此，境外投资者尤其是机构投资者的选股能够传递一种价值信号（李蕾和韩立岩，2013），可以吸引更多的分析师跟踪（Boone and White，2015）。进一步，根据本书第四章内容分析，沪港通交易制度的实施提高了沪股通标的上市公司的管理层业绩预告质量，降低了上市公司与外界的信息不对称，而分析师倾向于跟踪信息透明度和信息披露质量较好的公司（Lang and Lundholm，1996）。除此之外，管理层信息披露质量的提高能显著改善分析师对公共信息和私有信息的利用水平（Byard and Shaw，2002），降低分析师的信息搜集和分析成本，从而增加分析师的关注度。

退一步讲，由于地理位置、时差、文化差异等原因，境外投资者存在一定的信息劣势，外资股东相比于境内投资者，并非掌握更多的公司私有信息，难以在第一时间对公司的运营状况做出准确详细的评判，从而在刚开始决策时更可能是被动的接收者和跟随者。在此种情况下，除了依赖管理层的业绩预告等信息披露外，也需要分析师运用专业能力对上市公司信息进行分析，增加了对分析师的需求，提高分析师的关注度。

在此基础上，提出本章的第一个假设：

假设5-1：沪港通交易制度的实施提高了沪股通标的上市公司的分析师关注度，具体来讲，增加了分析师的跟踪数量。

（二）沪港通交易制度与分析师乐观性偏差

沪港通交易制度的实施提高了分析师的关注度，那么是否会提高分析师的预测准确度，降低分析师乐观性偏差呢？沪港通交易制度的目标之一就是引入境外投资者，尤其是成熟的机构投资者，从而改善内地股市的投资者结构、提高治理水平。依据以上内容，关于沪港通交易制度与分析师预测行为的研究主要关注境外投资者的作用。关于机构投资者对分析师预测的影响，不同的学者观点并不一致，本章从以下两个方面进行分析：监督作用和压力作用。

（1）机构投资者的监督作用。首先，根据上文分析，沪港通交易制度实施后，随着机构投资者持股比例的提升，管理层的业绩预告质量能够得到显著提高。而分析师之所以发布乐观性偏差除了利益冲突和主观的自利动机外，一部分原因是信息不对称造成的，分析师一般从以下两种渠道获取信息：上市公司个体信息以及所属行业信息。除了公开的行业信息外，分析师主要需要从管理层那里获得个体信息，因此管理层的信息披露质量被认为是影响预测偏差的重要因素（Ranmnath et al.，2008）。当管理层提高业绩预告质量时，公司与外界的信息不对称程度降低，使包括证券分析师在内的市场参与者从股票价格中学习从而提高分析师预测的准确性，降低乐观性误差。其次，随着机构投资者持股比例的提高，投资者关注会增加了有偏报告的识别风险，分析师发布有偏、乐观的研究报告被发现的概率也越大。同时，投资者关注较多时，监管机构介入的可能性也随之增大，分析师仍然发布有偏甚至是乐观性偏差的潜在声誉损失和惩罚也更大（王明伟等，2017）。因此，面对机构投资者和监管者的监督压力，分析师会倾向于减少发布乐观性偏差，提供较为准确的预测。

（2）机构投资者的压力作用。从另一方面来说，沪港通交易制度实施后，机构投资者关注增多也有可能促使分析师发布乐观性偏差。究其原因，作为分析师所在券商公司的主要客户，机构投资者不仅决定着分析师的佣金收入，还掌握着职业晋升的脉门——《新财富》最佳分析师的投票权。在此背景下，分析师的地位、收入和职业晋升更多取决于乐观性偏差而非准确度（Hong and Kubik，2003），出于佣金收入和职业晋升等考虑，分析师有动机牺牲独立性而发布带有乐观性偏差的盈利预测（许年行等，2012）。国内外研究均证实此种现象的存在。弗思等（Firth et al.，2013）研究发现分析师所在券商的基金客户持有目标公司股票时，分析师倾向于发布更加乐观的股票评级；吴超鹏等（2013）研究发现机构持股较多、有承销商关系的分析师倾向于发布偏乐观的盈余预测和股票评级，也支持了机构投资者对分析师乐观性偏差的"压力作用"。同时，目前制度背景下"南热北冷"、沪股通的额度使用并不充分的现象也加剧了分析师为了鼓励境外投资者购买沪股通标的公司股票从而发布乐观预测报告的动机（董良秀等，2018）。

综上所述，对于分析师而言，是否发布乐观性偏差需要权衡相应的成本和收益。一方面，沪港通交易制度实施后，机构投资者的监督作用使分析师发布乐观性偏差面临着个人声誉损失和惩罚损失，提高了其发布有偏预测的成本，进而降低了分析师乐观性偏差；另一方面，机构投资者的压力作用又促使分析师出于交易佣金和职业生涯的考虑发布乐观性偏差。为此，本章提出如下两个对立性的竞争性假设：

假设 5 - 2a：在其他条件一定的情况下，沪港通交易制度实施会降低沪股通标的上市公司的分析师乐观性偏差。

假设 5 - 2b：在其他条件一定的情况下，沪港通交易制度实施会提高沪股通标的上市公司的分析师乐观性偏差。

第三节 研究设计

一、数据来源与样本选择

本章选取 2012～2016 年度中国沪深 A 股上市公司作为初始研究样本，并根据以下原则对初始研究样本进行筛选：第一，考虑金融行业样本的特殊性，删除此类样本；第二，删除样本期间内 ST 公司和相关财务数据缺失的样本公司；第三，剔除分析师预测日期晚于年报发布日的样本公司；第四，仅保留分析师某一年对同一上市公司发布的最后一次预测数据；第五，删除 2014 年 11 月 17 日以后新入选和被调出的标的股票。根据沪股通标的股票选择要求，沪股通标的股票包含上证 180 指数成份股、上证 380 指数成份股、"A + H"股中符合要求的 568 家上交所 A 股上市公司。非沪股通标的股票包括未纳入上交所沪股通标的与全部深交所上市公司。沪股通标的股票名单来自香港联合交易所官网，其他财务数据均来自国泰安（CSMAR）数据库。本书涉及的连续变量在 1% 和 99% 的水平上进行 winsorize 处理。同时为了控制潜在的自相关问题，本章在所有回归中对标准误进行公司维度的 cluster 处理。

二、变量度量

（一）分析师关注度（Analyst）

借鉴陈等（Chen et al.，2015）的方法，本章使用公司跟踪的券商数目作为分析师关注度的衡量指标。

（二）分析师乐观性偏差（*Optimism*）

借鉴许年行等（2012）的方法，将分析师乐观性偏差定义为：

$$Opt_{ijt} = (F_{ijt} - A_{it})/P_i \qquad (5-1)$$

式（5-1）中，F_{ijt} 表示分析师 j 在第 t 年对公司 i 每股收益的预测值，A_{it} 表示第 t 年公司 i 的实际每股收益水平，P_i 表示公司 i 在分析师发布盈利预测前一个交易日的收盘股价。当 $Opt_{ijt} > 0$，表明分析师 j 在第 t 年对公司 i 的预测存在乐观性偏差。定义 *Optimism* 为第 t 年跟踪公司 i 的所有分析师中 Opt_{ijt} 大于 0 的分析师比例，*Optimism* 越大表明分析师乐观性偏差越大，*Optimism* 越小则表明分析师乐观性偏差越小。

（三）控制变量

参考褚剑等（2019）的做法，本章选择如下变量作为影响分析师行为的控制变量：上市公司规模（*Size*）、资产报酬率（*Roa*）、资产负债率（*Lev*）、第一大股东持股比例（*Largeshare*）、独立董事比例（*Inderatio*）、两权分离度（*Separation*）、产权性质（*Soe*）、亏损（*Loss*）、董事会规模（*Board*）、两职合一（*Dual*）、市账比（*MB*）、现金持有水平（*Cash*），并控制行业（*IND*）和年度（*YEAR*）虚拟变量。在研究分析师乐观性偏差时，还需要控制分析师关注度（*Analyst*）。各变量具体定义如表 5-1 所示。

表 5-1   变量定义

变量类型	变量名称	变量符号	定义
被解释变量	分析师跟踪数量	*Analyst*	等于被跟踪的券商数目加 1，取对数
	分析师乐观性偏差	*Optimism*	分析师预测中预测误差大于 0 的分析师比例
解释变量	沪港通交易制度实施时间虚拟变量	*Post*	沪港通交易制度实施之后的年度取值为 1，否则为 0，即 2012 年、2013 年、2014 年取 0，2015 年、2016 年取值为 1
	沪股通标的公司虚拟变量	*Treat*	当上市公司进入沪股通标的名单时，取值为 1，否则为 0

续表

变量类型	变量名称	变量符号	定义
控制变量	上市公司规模	*Size*	等于期末总资产的对数值
	资产报酬率	*Roa*	等于净利润除以期末总资产
	资产负债率	*Lev*	等于负债总额除以资产总额
	第一大股东持股比例	*Largeshare*	等于第一大股东持股数除以上市公司总股数
	独立董事比例	*Inderatio*	等于独立董事人数除以董事会人数
	两权分离度	*Separation*	等于实际控制人拥有上市公司控制权与所有权之差
	产权性质	*Soe*	当公司实际控制人为国有时，取值为1，否则为0
	亏损	*Loss*	若公司净利润小于0时，取值为1，否则为0
	董事会规模	*Board*	等于董事会人数
	两职合一	*Dual*	当董事长和总经理为同一人时，取值为1，否则为0
	市账比	*MB*	等于期末市场价值除以期末账面价值
	现金持有水平	*Cash*	等于现金持有量除以总资产
	行业	*IND*	行业固定效应，其中制造业按二级分类，其余行业按一级分类
	年度	*YEAR*	年份固定效应

三、计量模型设定

借鉴李丹等（2016）的做法，本章选择沪股通标的上市公司为实验组样本，以非沪股通标的上市公司（包括未纳入上交所沪股通标的和全部深交所的上市公司）为控制组样本，采用双重差分模型（DID）以更好地控制实验组公司和控制组公司之间的系统性差异。基本模型如下：

$$Analyst = \beta_0 + \beta_1 Post \times Treat + \beta_2 Post + \beta_3 Treat + \beta_4 Size$$
$$+ \beta_5 Roa + \beta_6 Lev + \beta_7 Largeshare + \beta_8 Inderatio$$
$$+ \beta_9 Separation + \beta_{10} Soe + \beta_{11} Loss + \beta_{12} Board$$
$$+ \beta_{13} Dual + \beta_{14} MB + \beta_{15} Cash + \sum IND + \sum YEAR \quad (5-2)$$

$$Optimism = \beta_0 + \beta_1 Post \times Treat + \beta_2 Post + \beta_3 Treat + \beta_4 Size + \beta_5 Roa$$
$$+ \beta_6 Lev + \beta_7 Largeshare + \beta_8 Inderatio + \beta_9 Separation$$
$$+ \beta_{10} Soe + \beta_{11} Loss + \beta_{12} Board + \beta_{13} Dual$$
$$+ \beta_{14} MB + \beta_{15} Cash + Analyst + \sum IND + \sum YEAR \quad (5-3)$$

第四节　实证结果分析与讨论

一、描述性统计

表 5-2 列示了主要变量的描述性统计结果，分别报告了其样本量、均值、标准差、最小值、25 分位数、中位数、75 分位数和最大值等统计量。*Analyst* 的均值为 2.7938，表明平均每家上市公司有约 3 个分析师跟踪关注；标准差为 0.8813，最小值为 0，最大值为 4.1589，表明分析师对每家上市公司的关注度差异较大。*Optimism* 的均值为 0.8246，表明我国上市公司存在着严重的乐观性偏差，这也是本章之所以选择分析师乐观性偏差作为研究内容的原因所在；标准差为 0.2675，最小值为 0.0000，最大值为 1.0000，表明每家上市公司之间的差异较大。*Treat* 的均值为 0.2289，表明沪股通标的上市公司占全部样本的 23%。*Size* 的均值为 22.1555，标准差为 1.2666。*Roa* 的均值为 0.0580，标准差为 0.0532。*Lev* 的均值为 0.4171，标准差为 0.2108。*Largeshare* 的均值为 0.3626，表明我国的 "一股独大" 现象比较严重；标准差为 0.1495，最小值为 0.0878，最大值为 0.7578，表明上市公司之间的差异较大。*Soe* 的均值为 0.3747，表明本章所选样本中国有性质的上市公司占有近 40%。其余控制变量与以往研究结果总体比较接近。

表 5 - 2   主要变量描述性统计分析

变量	样本量	均值	标准差	最小值	25 分位数	中位数	75 分位数	最大值
Analyst	9934	2.7938	0.8813	0.0000	2.1972	2.9444	3.4965	4.1589
Optimism	9934	0.8246	0.2675	0.0000	0.7500	0.9630	1.0000	1.0000
Post	9934	0.4381	0.4962	0.0000	0.0000	0.0000	1.0000	1.0000
Treat	9934	0.2289	0.4202	0.0000	0.0000	0.0000	0.0000	1.0000
Size	9934	22.1555	1.2666	19.2226	21.2339	21.9801	22.8731	25.9585
Roa	9934	0.0580	0.0532	− 0.1999	0.0304	0.0530	0.0832	0.2559
Lev	9934	0.4171	0.2108	0.0479	0.2450	0.4054	0.5809	0.9870
Largeshare	9934	0.3626	0.1495	0.0878	0.2434	0.3468	0.4643	0.7578
Inderatio	9934	0.3742	0.0537	0.3077	0.3333	0.3333	0.4286	0.5714
Separation	9934	0.0486	0.0769	0.0000	0.0000	0.0000	0.0835	0.2882
Soe	9934	0.3747	0.4841	0.0000	0.0000	0.0000	1.0000	1.0000
Loss	9934	0.0740	0.2618	0.0000	0.0000	0.0000	0.0000	1.0000
Board	9934	8.6839	1.7185	3.0000	7.0000	9.0000	9.0000	18.0000
Dual	9934	0.2634	0.4405	0.0000	0.0000	0.0000	1.0000	1.0000
MB	9934	2.1810	1.3574	0.9052	1.3052	1.7377	2.5546	8.8981
Cash	9934	0.1708	0.1345	0.0086	0.0754	0.1307	0.2234	0.6984

表 5 - 3 列示了单变量的双重差分分析。首先，本章分别检验非沪股通标的上市公司和沪股通标的上市公司在沪港通交易制度实施前后的分析师行为差异。列（5）显示的是非沪股通标的上市公司在沪港通交易制度实施前后的分析师关注度和分析师乐观性偏差变化，可以看出分析师关注度（*Analyst*）显著提高，分析师乐观性偏差（*Optimism*）显著降低；列（6）显示的是沪股通标的上市公司在沪港通交易制度实施前后的分析师关注度和分析师乐观性偏差变化，可以看出分析师关注度（*Analyst*）显著提高，分析师乐观性偏差（*Optimism*）有所提高，但不显著。其次，本章比较沪股通标的上市公司和非沪股通标的上市公司在沪港通交易制度实施前后的分析师行为差异，列（7）显示，相比非沪股通标的上市公司，沪股通标的上市公司在受到"沪港通"

冲击之后，分析师关注度（Analyst）在5%水平上显著提高，分析师乐观性偏差（Optimism）在1%水平上显著上升。这表明与非沪股通标的上市公司相比，沪股通标的上市公司受到沪港通交易制度冲击后的分析师关注度提高，但是分析师乐观性偏差也显著提高，初步验证了假设5-1，支持了假设5-2b。此外，两个样本的资产报酬率（Roa）、股权性质（Soe）、亏损（Loss）、市账比（MB）和现金持有水平（Cash）等方面也存在显著差异。

表5-3　　　　　　　　　　　　　　双重差分分析

变量	Treat = 0		Treat = 1		均值 Difference		Diff in Diff
	Post = 0 (1)	Post = 1 (2)	Post = 0 (3)	Post = 1 (4)	(5) = (2) - (1)	(6) = (4) - (3)	(7) = (6) - (5)
Analyst	2.604	2.718	3.181	3.382	0.115***	0.201***	0.086** (2.39)
Optimism	0.856	0.797	0.801	0.818	-0.059***	0.018	0.077*** (6.00)
Size	21.698	21.996	23.121	23.431	0.298***	0.310***	0.012 (0.21)
Roa	0.057	0.056	0.067	0.053	-0.001	-0.015***	-0.014*** (5.85)
Lev	0.390	0.389	0.511	0.505	-0.001	-0.005	-0.004 (0.46)
Largeshare	0.358	0.337	0.417	0.399	-0.021***	-0.018***	0.003 (0.33)
Inderatio	0.373	0.377	0.371	0.374	0.004***	0.004	-0.000 (0.04)
Separation	0.049	0.045	0.054	0.054	-0.004**	0.000	0.004 (1.01)
Soe	0.303	0.266	0.673	0.674	-0.037***	0.001	0.038* (1.67)

续表

| 变量 | Treat = 0 | | Treat = 1 | | 均值 Difference | | Diff in Diff |
	Post = 0 (1)	Post = 1 (2)	Post = 0 (3)	Post = 1 (4)	(5) = (2) - (1)	(6) = (4) - (3)	(7) = (6) - (5)
Loss	0.081	0.079	0.036	0.076	- 0.002	0.040 ***	0.042 *** (3.50)
Board	8.589	8.355	9.474	9.182	- 0.234 ***	- 0.293 ***	- 0.059 (0.65)
Dual	0.303	0.308	0.116	0.134	0.004	0.018	0.014 (0.78)
MB	1.877	2.824	1.640	1.965	0.947 ***	0.324 ***	- 0.623 *** (11.26)
Cash	0.192	0.164	0.143	0.140	- 0.028 ***	- 0.003	0.025 *** (4.71)

注：*、**、*** 分别表示在 10%、5% 和 1% 的水平上显著；括号内为 t 值。

二、基本回归结果与分析

表 5 - 4 列示了沪港通交易制度影响分析师行为的双重差分检验结果。列（1）和列（2）是沪港通交易制度影响分析师关注度的回归结果。从列（1）可以看出，在没有控制其他控制变量时，交乘项 $Post \times Treat$ 的系数 β_1 为 0.0907，t 值为 3.63，在 1% 水平上显著为正；列（2）则控制了其他控制变量，交乘项 $Post \times Treat$ 的系数 β_1 为 0.1783，t 值为 7.68，仍然在 1% 水平上显著为正。回归结果意味着沪港通交易制度的实施有助于提高分析师的关注度，增加分析师跟踪数量，支持了假设 5 - 1。另外，公司规模（Size）、资产报酬率（Roa）和市账比（MB）均与分析师关注度（Analyst）显著正相关，表明公司资产越多、收益率较高以及市场价值较高时，分析师跟踪数量较多；亏损（Loss）与分析师关注度（Analyst）显著负相关，表明当上市公司存在亏损时，更容易引起分析师的关注，这和以往研究结果比较接近。

表 5 - 4　　　　　　　沪港通交易制度与分析师行为的基本回归结果

变量	Analyst		Optimism	
	(1)	(2)	(3)	(4)
Post × Treat	0.0907 ***	0.1783 ***	0.0749 ***	0.0506 ***
	(3.63)	(7.68)	(5.83)	(3.86)
Post	0.2544 ***	-0.1343 ***	-0.0883 ***	-0.0986 ***
	(11.84)	(-5.55)	(-10.18)	(-10.57)
Treat	0.5915 ***	0.0120	-0.0429 ***	-0.0088
	(14.43)	(0.31)	(-5.10)	(-0.86)
Size		0.5253 ***		-0.0311 ***
		(34.72)		(-6.63)
Roa		1.2321 ***		-1.8762 ***
		(4.88)		(-22.51)
Lev		-0.6040 ***		-0.1034 ***
		(-7.38)		(-4.90)
Largeshare		-0.7146 ***		0.0170
		(-7.86)		(0.77)
Inderatio		-0.0202		0.0099
		(-0.09)		(0.17)
Separation		0.5281 ***		-0.0506
		(3.15)		(-1.34)
Soe		0.0499		-0.0301 ***
		(1.53)		(-3.87)
Loss		0.1151 ***		-0.0304 ***
		(3.20)		(-3.03)
Board		0.0131		-0.0002
		(1.64)		(-0.08)
Dual		0.0092		-0.0030
		(0.34)		(-0.47)

续表

变量	Analyst		Optimism	
	（1）	（2）	（3）	（4）
MB		0.1240 *** （13.30）		− 0.0006 （− 0.19）
Cash		− 0.2198 ** （− 2.35）		− 0.1427 *** （− 5.37）
Analyst				0.0589 *** （12.69）
常数项	2.5124 *** （17.27）	− 8.5438 *** （− 25.69）	0.9131 *** （42.12）	1.5699 *** （16.21）
IND	控制	控制	控制	控制
YEAR	控制	控制	控制	控制
样本数	9934	9934	9934	9934
Adj_R²	0.1183	0.4008	0.0245	0.1634

注：*、**、*** 分别表示在 10%、5% 和 1% 的水平上显著；括号内为 t 值。

表 5 - 4 列（3）和列（4）则是沪港通交易制度影响分析师乐观性偏差的回归结果。从列（3）可以看出，在没有控制其他控制变量时，交乘项 $Post \times Treat$ 的系数 β_1 为 0.0749，t 值为 5.83，在 1% 水平上显著为正；列（4）则控制了其他控制变量，交乘项 $Post \times Treat$ 的系数 β_1 为 0.0506，t 值为 3.86，仍然在 1% 水平上显著为正。回归结果表明沪港通交易制度的实施提高了分析师乐观性偏差，支持了假设 5 - 2b，也表明机构投资者在沪港通交易制度实施后更多的是发挥"压力作用"。另外，公司规模（Size）、资产报酬率（Roa）均与分析师乐观性偏差（Optimism）显著负相关，表明公司资产越多、收益率较高，分析师的预测准确度越高，降低了乐观性偏差倾向；当股权性质（Soe）为国有企业时，或者公司处于亏损（Loss）时，反而降低了分析师乐观性偏差，这和以往研究比较接近。

这里不仅我们要思考一个问题，分析师关注度越高，为什么反而提高了分析师乐观性偏差？这可能是由于分析师收集和披露的信息主要是市场层面或行业层面的宏观信息，而非公司层面的特有信息，导致分析师跟踪人数越多，并不能提高公司信息透明度进而降低分析师乐观性偏差，相反却提高了分析师乐观性偏差。国内外学者也有类似的研究，陈和哈米德（Chan and Hameed，2006）发现，分析师跟踪人数越多，公司的股价同步性越高，说明分析师收集和披露的信息主要是市场层面或行业层面的信息。冯旭南和李心愉（2011）研究发现证券分析师关注与股价同步性正相关，是因为中国证券分析师较少反映公司特质信息，而更多地反映来自市场层面的信息。许年行等（2012）研究发现，分析师跟踪人数与股价崩盘风险显著正相关，表明被更多分析师跟踪的公司，其股价未来的崩盘风险越高，这可能是由于分析师收集和披露的信息主要是市场层面或行业层面的宏观信息，而非公司层面的特有信息，导致分析师跟踪人数越多，并不能提高公司信息透明度进而降低崩盘风险，相反会提高崩盘风险。刘贝贝（2019）发现 QFII 通过提高分析师跟踪人数影响信息披露质量，这里分析师是通过发挥监督作用而没有通过提高分析师的预测精确度来影响的。

三、平行趋势假设检验

采用双重差分模型（DID）的前提是检验平行趋势假设。若该假设成立，则沪港通交易制度对分析师行为的影响是在沪港通交易制度实施之后，而在该制度实施前，沪股通标的上市公司与非沪股通标的上市公司的分析师行为不存在显著差异。借鉴陈运森和黄健峤（2019）的研究设计，我们选择沪港通交易制度实施的 2014 年为基准年份，设置 $2012year\_dummy$、$2013year\_dummy$、$2015year\_dummy$ 和 $2016year\_dummy$ 四个年份虚拟变量，当年份为 2012 年时，取值为 1，否则取值为 0，其他三个虚拟变量以此类推。将沪股通标的变量（$Treat$）分别与上述四个年份虚拟变量相乘，并将所得四个交乘项一并放入模型（5-2）和模型（5-3）中。

具体回归结果如表 5-5 列（1）和列（2）所示：对于分析师关注度（$Analyst$）来讲，交互项 $2012year\_dummy \times Treat$、$2013year\_dummy \times Treat$ 的

系数均不显著，而 2015$year\_dummy \times Treat$ 和 2016$year\_dummy \times Treat$ 的系数都在 1% 的水平上显著为正。这表明在沪港通交易制度实施之前，沪股通标的上市公司和非沪股通标的上市公司的分析师关注度并不存在显著差异，支持了双重差分模型的适用性。同时，在沪港通交易制度实施之后，相对于非标的上市公司，沪股通标的上市公司的分析师跟踪数量显著增加。而对于分析师乐观性偏差（Optimism）来讲，交互项 2012$year\_dummy \times Treat$、2013$year\_dummy \times Treat$ 的系数均不显著，而 2015$year\_dummy \times Treat$ 和 2016$year\_dummy \times Treat$ 的系数分别在 5% 和 1% 的水平上显著为正。这表明在沪港通交易制度实施之前，沪股通标的上市公司和非沪股通标的上市公司的分析师乐观性偏差并不存在显著差异，支持了双重差分模型的适用性。同时，在沪港通交易制度实施之后，相对于非标的上市公司，沪股通标的上市公司的分析师乐观性偏差显著提高。

表 5 – 5 　　　　　　　　　　　平行趋势假设检验

变量	Analyst (1)	Optimism (2)
2012$year\_dummy \times Treat$	0.0188 (0.46)	− 0.0158 (− 1.16)
2013$year\_dummy \times Treat$	− 0.0180 (− 0.47)	− 0.0222 (− 1.64)
2015$year\_dummy \times Treat$	0.1874 *** (5.28)	0.0326 ** (2.37)
2016$year\_dummy \times Treat$	0.1891 *** (5.55)	0.0493 *** (3.53)
Size	0.5265 *** (35.78)	− 0.0307 *** (− 6.62)
Roa	1.2333 *** (4.89)	− 1.8734 *** (− 22.46)
Lev	− 0.6049 *** (− 7.39)	− 0.1038 *** (− 4.92)

续表

变量	Analyst （1）	Optimism （2）
Largeshare	−0.7139 *** （−7.86）	0.0171 （0.77）
Inderatio	−0.0201 （−0.09）	0.0104 （0.18）
Separation	0.5277 *** （3.15）	−0.0509 （−1.35）
Soe	0.0507 （1.56）	−0.0298 *** （−3.85）
Loss	0.1143 *** （3.18）	−0.0305 *** （−3.04）
Board	0.0133 * （1.65）	−0.0001 （−0.06）
Dual	0.0089 （0.33）	−0.0032 （−0.50）
MB	0.1243 *** （13.34）	−0.0005 （−0.16）
Cash	−0.2197 ** （−2.35）	−0.1442 *** （−5.42）
Analyst		0.0589 *** （12.70）
常数项	−8.5719 *** （−26.44）	1.5631 *** （16.39）
IND	控制	控制
YEAR	控制	控制
样本数	9934	9934
Adj_R^2	0.4008	0.1637

注：*、**、*** 分别表示在10%、5%和1%的水平上显著；括号内为t值。

四、内生性检验

由于沪股通标的上市公司的选定并非随机，沪港通交易制度实施之前实验组和控制组之间的公司特征可能已经存在差异，这些差异导致事件前实验组和控制组的分析师行为不一样，从而降低了双重差分估计的有效性。为了降低非随机选择可能导致的内生性问题，本章采用倾向得分匹配（PSM）方法为沪股通标的上市公司寻找配对样本，并对配对后的样本再次进行双重差分估计。

（一）倾向得分匹配（PSM）

首先，采用 Logit 模型考察哪些特征的上市公司能够成为沪股通标的股票。本章的匹配变量包括上市公司规模（$Size$）、资产报酬率（Roa）、产权性质（Soe）、亏损（$Loss$）、市账比（MB）以及行业和年度虚拟变量。其次，采用最近邻且非放回、卡尺值为 0.01 的匹配原则为每一个沪股通标的上市公司匹配到了相似的样本，最终得到匹配样本分别为 2702 个和 2684 个。

（二）PSM 平衡性测试

本章接下来根据是否为沪股通标的上市公司，采用倾向得分匹配（PSM）方法估计沪港通交易制度对分析师行为产生的"处理效应"。在进行倾向得分匹配回归估计之前，需要进行平衡性测试。表 5－6 列示了检验结果，可以看出匹配后所有解释变量的标准化偏差都小于 10%，而且变量 t 检验的结果都不拒绝处理组与控制组无系统差异的原假设，对比匹配前的结果大多数变量的标准化偏差均大幅缩小，说明所有解释变量都通过了平衡性测试。这表明经过倾向得分匹配后，沪股通标的上市公司和非沪股通标的上市公司的特征差异得到了较大程度的消除，在进行倾向得分匹配时仅会损失少量样本。

表 5 - 6 倾向得分匹配平衡性检验

变量	匹配情况	均值		标准化偏差（%）	t 检验	
		处理组	对照组		t 值	p 值
Size	匹配前	23.244	21.838	120.4	52.41	0.000 ***
	匹配后	23.139	23.147	-0.7	-0.20	0.839
Roa	匹配前	0.6166	0.05663	9.9	3.96	0.000 ***
	匹配后	0.06125	0.06085	0.8	0.27	0.787
Soe	匹配前	0.6737	0.28766	83.8	35.36	0.000 ***
	匹配后	0.65979	0.67675	-3.7	-1.19	0.234
Loss	匹配前	0.05233	0.08113	-11.6	-4.59	0.000 ***
	匹配后	0.0541	0.04952	1.8	0.68	0.495
MB	匹配前	1.7688	2.2935	-42.8	-16.51	0.000 ***
	匹配后	1.794	1.7425	4.2	1.60	0.110
Total	匹配前			20.4		0.000 ***
	匹配后			2.5		0.365

注：*、**、***分别表示在 10%、5% 和 1% 的水平上显著。

（三）基于倾向得分匹配的双重差分（PSM + DID）

接下来，本章根据是否为沪股通标的上市公司采用倾向得分匹配（PSM）方法估计沪港通交易制度实施对分析师跟踪数量和分析师乐观性偏差产生的"处理效应"。具体回归结果见表 5 - 7 列（1）和列（2）：列（1）可以看出，在控制了潜在的内生性问题后，交乘项 $Post \times Treat$ 的系数 β_1 在 1% 水平上仍然显著为正，表明沪港通交易制度的实施增加了沪股通标的上市公司的分析师跟踪数量，提高了分析师的关注度；列（2）可以看出，在控制了潜在的内生性问题后，$Post \times Treat$ 的系数 β_1 在 10% 水平上仍然显著为正，表明沪港通交易制度的实施显著提高了沪股通标的上市公司的分析师乐观性偏差，都再次验证了本章的基本结论。

表 5 – 7 基于 PSM + DID 的回归结果

变量	*Analyst* （1）	*Optimism* （2）
Post × Treat	0. 1628 *** （3. 83）	0. 0409 * （1. 94）
Post	− 0. 0952 ** （ − 2. 10）	− 0. 0749 *** （ − 3. 80）
Treat	0. 0605 （1. 36）	− 0. 0080 （ − 0. 59）
Size	0. 4397 *** （17. 92）	− 0. 0417 *** （ − 5. 27）
Roa	1. 8501 *** （3. 77）	− 1. 9209 *** （ − 10. 61）
Lev	− 0. 4546 *** （ − 3. 31）	− 0. 0952 ** （ − 2. 27）
Largeshare	− 0. 6324 *** （ − 4. 57）	0. 0351 （0. 85）
Inderatio	− 0. 9123 ** （ − 2. 39）	− 0. 0299 （ − 0. 28）
Separation	0. 5950 ** （2. 44）	− 0. 0545 （ − 0. 89）
Soe	0. 0926 ** （2. 08）	− 0. 0254 ** （ − 2. 05）
Loss	0. 1339 *** （2. 25）	0. 0168 （0. 94）
Board	0. 0159 （1. 32）	0. 0027 （0. 76）
Dual	− 0. 0207 （ − 0. 45）	− 0. 0099 （ − 0. 63）

续表

变量	*Analyst* （1）	*Optimism* （2）
MB	0.1021 （5.53）	0.0046 （0.70）
Cash	−0.0096 （−0.05）	−0.1004* （−1.75）
Analyst		0.0431*** （4.67）
常数项	−6.6200*** （−13.15）	1.8129*** （11.36）
IND	是	是
YEAR	是	是
样本数	2702	2684
Adj_R²	0.3550	0.1478

注：*、**、***分别表示在10%、5%和1%的水平上显著；括号内为t值。

五、稳健性检验

（一）安慰剂检验（placebo test）

（1）本章引入反事实框架，将沪港通交易制度实施年份向前推移3年，即假定沪港通交易制度于2011年实施，以此来排除处理组和控制组样本公司之间固有特征差异对研究结论的干扰。回归结果如表5-8列（1）和列（2）所示：列（1）可以看出 $Post \times Treat$ 的系数在假定政策发生时点情形下虽然显著，但是系数为负值−0.1632，说明沪港通交易制度实施后，沪股通标的上市公司分析师跟踪数量的增加并非由处理组和控制组样本公司的固有特征差异所导致，从而支持了本章的研究结论。列（2）可以看出 $Post \times Treat$ 的系数在假定政策发生时点情形下不再显著，说明沪港通交易制度实施后，沪股通标的上市公司分析师乐观性偏差的提高并非由处理组和控制组样本公司的固有特征差异所导致，从而支持了本章的研究结论。

表 5 - 8   安慰剂检验

变量	政策实施年份推前 3 年		政策实施年份推前 5 年	
	Analyst (1)	Optimism (2)	Analyst (3)	Optimism (4)
Post × Treat	- 0. 1632 *** (- 6. 22)	- 0. 0047 (- 0. 33)	- 0. 0083 (- 0. 27)	- 0. 0320 * (- 1. 87)
Post	0. 2826 *** (11. 43)	0. 1232 *** (10. 49)	0. 3468 *** (12. 06)	0. 1280 *** (7. 72)
Treat	0. 1172 *** (2. 98)	- 0. 0180 (- 1. 49)	0. 1221 *** (2. 99)	- 0. 0081 (- 0. 60)
Size	0. 5242 *** (32. 60)	- 0. 0329 *** (- 6. 20)	0. 5070 *** (30. 84)	- 0. 0325 *** (- 5. 34)
Roa	2. 7982 *** (10. 05)	- 2. 3624 *** (- 25. 58)	2. 8188 *** (9. 93)	- 2. 4842 *** (23. 15)
Lev	- 0. 5917 *** (- 6. 04)	- 0. 1022 *** (- 4. 18)	- 0. 4868 *** (- 4. 82)	- 0. 1301 *** (4. 30)
Largeshare	- 0. 5314 *** (- 5. 34)	0. 0515 ** (2. 10)	- 0. 4276 *** (- 4. 06)	0. 0501 (1. 62)
Inderatio	- 0. 1165 (- 0. 45)	0. 0223 (0. 32)	- 0. 3218 (- 1. 14)	0. 0168 (0. 19)
Separation	0. 6977 *** (3. 99)	- 0. 1494 *** (- 3. 32)	0. 6944 *** (3. 88)	- 0. 1883 *** (- 3. 28)
Soe	0. 0456 (1. 29)	- 0. 0485 *** (- 5. 61)	0. 0436 (1. 20)	- 0. 0498 *** (- 4. 63)
Loss	0. 1667 *** (3. 81)	- 0. 0582 *** (- 4. 50)	0. 1010 * (1. 91)	- 0. 0509 *** (- 3. 01)

续表

变量	政策实施年份推前 3 年		政策实施年份推前 5 年	
	Analyst（1）	Optimism（2）	Analyst（3）	Optimism（4）
Board	0.0217 ***（2.58）	0.0027（1.09）	0.0231 ***（2.66）	−0.0010（−0.38）
Dual	0.0351（1.13）	−0.0023（−0.29）	0.0564（1.58）	0.0026（0.23）
MB	0.1567 ***（12.05）	0.0175 ***（4.02）	0.1561 ***（11.60）	0.0238 ***（4.99）
Cash	−0.4163 ***（−4.36）	−0.2374 ***（−8.44）	−0.5607 ***（−5.38）	−0.3461 ***（−9.54）
Analyst		0.0683 ***（12.48）		0.0788 ***（11.26）
常数项	−9.0086 ***（−26.60）	1.3984 ***（13.04）	−8.8693 ***（−25.51）	1.4083 ***（11.45）
IND	控制	控制	控制	控制
YEAR	控制	控制	控制	控制
样本数	8086	8582	6083	6083
Adj_R^2	0.4557	0.2330	0.4753	0.2086

注：*、**、***分别表示在10%、5%和1%的水平上显著；括号内为t值。

（2）类似地，将沪港通交易制度实施年份向前推移5年，即假定沪港通交易制度于2009年实施，以此来排除处理组和控制组样本公司之间固有特征差异对研究结论的干扰。归结果如表5-8列（3）和列（4）所示：列（3）可以看出 Post × Treat 的系数在假定政策发生时点情形下不显著且系数为负值−0.0083，说明沪港通交易制度实施后，沪股通标的上市公司分析师跟踪数量的增加并非由处理组和控制组样本公司的固有特征差异所导致，从而支持了本章的研究结论。列（4）可以看出 Post × Treat 的系数在假定政策发生时点情形下虽然在10%水平上显著，但是系数为负值−0.0320，说明沪港通交易制度实施后，沪股通标的上市公司分析师乐观性偏差的提高并非由处理组和控制组样本公司的固有特征差异所导致，从而支持了本章的研究结论。

（二）其他稳健性检验

（1）删除分析师预测天数超过一年的样本。对基本回归模型（5-3）重新进行检验，回归结果如表5-9列（1）所示：可以看出$Post \times Treat$的系数仍然显著为正（系数为0.0573，在1%水平上显著），表明沪港通交易制度的实施显著提高了沪股通标的上市公司的分析师乐观性偏差，支持了本章的基本假设5-2b。

表5-9　　　　　　　　　　　其他稳健性检验（一）

变量	删除预测天数超过一年的样本	分析师某一年对同一上市公司发布的盈余预测取平均数	Logit 模型回归
	Optimism（1）	*Optimism*（2）	*Optimism*（3）
$Post \times Treat$	0.0573 *** （3.50）	0.0371 *** （2.71）	0.3612 ** （2.54）
$Post$	-0.1043 *** （-8.87）	-0.1005 *** （-10.43）	-0.7671 *** （-7.45）
$Treat$	-0.0029 （-0.24）	-0.0065 （-0.61）	-0.0216 （-0.21）
$Size$	-0.0353 *** （-6.25）	-0.0299 *** （-6.11）	-0.2535 *** （-5.53）
Roa	-1.7638 *** （-18.41）	-1.8048 *** （-20.96）	-13.0503 *** （-16.22）
Lev	-0.0909 *** （-3.44）	-0.1112 *** （-5.19）	-0.9822 *** （-4.14）
$Largeshare$	0.0241 （0.91）	0.0180 （0.79）	0.2418 （1.09）

续表

变量	删除预测天数超过一年的样本	分析师某一年对同一上市公司发布的盈余预测取平均数	Logit 模型回归
	Optimism（1）	Optimism（2）	Optimism（3）
Inderatio	0.1103 (1.52)	-0.0170 (-0.28)	0.5961 (0.89)
Separation	-0.0420 (-0.91)	-0.0837 (-2.14)	-0.5422 (-1.36)
Soe	-0.0374 *** (-3.99)	-0.0335 *** (-4.24)	-0.2667 *** (-3.37)
Loss	0.0265 ** (1.97)	-0.0388 *** (-3.80)	1.0587 *** (4.39)
Board	0.0002 (0.06)	0.0001 (0.04)	-0.0315 (-1.46)
Dual	0.0037 (0.46)	-0.0032 (-0.49)	-0.0732 (-1.03)
MB	0.0049 (1.38)	0.0002 (0.06)	-0.0368 (1.15)
Cash	-0.1363 *** (-4.18)	-0.1367 *** (-5.07)	-0.8745 *** (-3.23)
Analyst	0.0530 *** (9.02)	0.0694 *** (14.70)	0.4966 *** (12.08)
常数项	1.5329 *** (13.25)	1.5545 *** (15.34)	7.4760 *** (7.93)
IND	控制	控制	控制
YEAR	控制	控制	控制
样本数	8869	9934	9934
Adj_R^2	0.1066	0.1530	0.0991

注：*、**、***分别表示在10%、5%和1%的水平上显著；括号内为 t 值。

（2）对同一分析师某一年对同一上市公司发布的盈余预测取平均数。对基本回归模型（5－3）重新进行检验，回归结果如表5－9列（2）所示：可以看出 Post × Treat 的系数仍然显著为正（系数为 0.0371，在 1% 水平上显著），表明沪港通交易制度的实施显著提高了沪股通标的上市公司的分析师乐观性偏差，支持了本章的基本假设 5－2b。

（3）采用新的方法重新度量分析师乐观性偏差：将分析师预测偏差大于 0 的数值赋值为 1，否则为 0，并采取 Logit 模型重新对基本回归模型（5－3）进行检验，回归结果如表 5－9 列（3）所示：可以看出 Post × Treat 的系数仍然显著为正（系数为 0.3612，在 5% 水平上显著），支持了本章的基本假设 5－2b。

（4）由于沪港通交易制度于 2014 年 11 月开始正式实施，2014 年上市公司分析师行为可能受沪港通交易制度的影响，本章删除 2014 年的样本，对基本回归模型（5－2）和模型（5－3）重新进行检验。回归结果如表 5－10 列（1）和列（2）所示：列（1）可以看出，在删除 2014 年的样本后，Post × Treat 的系数仍然显著为正（系数为 0.1881，在 1% 水平上显著），表明沪港通交易制度的实施显著提高了沪股通标的上市公司的分析师关注度，再次证明了本章基本假设 5－1 的可靠性；列（2）可以看出，在删除 2014 年的样本后，Post × Treat 的系数仍然显著为正（系数为 0.0616，在 1% 水平上显著），表明沪港通交易制度的实施显著提高了沪股通标的上市公司的分析师乐观性偏差，再次证明了本章节基本假设 5－2b 的可靠性。

表 5－10　　　　　　　　　　　其他稳健性检验（二）

变量	删除 2014 年的样本		2014 年度 Post 取 1		采用面板固定效应模型	
	Analyst（1）	*Optimism*（2）	*Analyst*（3）	*Optimism*（4）	*Analyst*（5）	*Optimism*（6）
Post × Treat	0.1881 *** (7.14)	0.0616 *** (4.21)	0.1783 *** (7.68)	0.0506 *** (3.86)	0.0801 *** (6.88)	0.0423 *** (3.61)
Post	− 0.1412 *** (− 5.68)	− 0.1041 *** (− 10.88)	− 0.1343 *** (− 5.55)	− 0.0986 *** (− 10.57)		

续表

变量	删除 2014 年的样本		2014 年度 Post 取 1		采用面板固定效应模型	
	Analyst (1)	Optimism (2)	Analyst (3)	Optimism (4)	Analyst (5)	Optimism (6)
Treat	− 0. 0033 (− 0. 08)	− 0. 0209 * (− 1. 83)	0. 0120 (0. 31)	− 0. 0088 (− 0. 86)		
Size	0. 5292 *** (34. 84)	− 0. 0249 ** (− 5. 17)	0. 5253 *** (34. 72)	− 0. 0311 *** (− 6. 63)	0. 2786 *** (28. 86)	− 0. 0583 *** (− 5. 70)
Roa	1. 1585 *** (4. 55)	− 1. 9087 *** (− 21. 79)	1. 2321 *** (4. 88)	− 1. 8762 *** (− 22. 51)	0. 1835 ** (2. 04)	− 2. 5400 *** (− 28. 08)
Lev	− 0. 5841 *** (− 7. 09)	− 0. 1082 *** (− 4. 92)	− 0. 6040 *** (− 7. 38)	− 0. 1034 *** (− 4. 90)	− 0. 1490 *** (− 4. 29)	− 0. 0962 *** (− 2. 75)
Largeshare	− 0. 7307 *** (− 7. 98)	0. 0041 (0. 18)	− 0. 7146 *** (− 7. 86)	0. 0170 (0. 77)	− 0. 1010 * (− 1. 74)	0. 1607 *** (2. 76)
Inderatio	− 0. 0875 (− 0. 37)	− 0. 0035 (− 0. 06)	− 0. 0202 (− 0. 09)	0. 0099 (0. 17)	0. 1698 * (1. 76)	0. 1305 (1. 34)
Separation	0. 5472 *** (3. 24)	− 0. 0431 (− 1. 10)	0. 5281 *** (3. 15)	− 0. 0506 (− 1. 34)	− 0. 0159 (− 0. 16)	0. 1394 (1. 37)
Soe	0. 0504 (1. 55)	− 0. 0292 *** (− 3. 70)	0. 0499 (1. 53)	− 0. 0301 *** (− 3. 87)	0. 0254 (0. 68)	0. 0202 (0. 54)
Loss	0. 1201 *** (3. 10)	− 0. 0365 *** (− 3. 41)	0. 1151 *** (3. 20)	− 0. 0304 *** (− 3. 03)	0. 0079 (0. 60)	− 0. 0483 *** (− 3. 66)
Board	0. 0126 (1. 55)	− 0. 0005 (− 0. 24)	0. 0131 (1. 64)	− 0. 0002 (− 0. 08)	− 0. 0007 (− 0. 17)	0. 0084 ** (2. 11)
Dual	0. 0021 (0. 08)	− 0. 0033 (− 0. 48)	0. 0092 (0. 34)	− 0. 0030 (− 0. 47)	− 0. 0045 (− 0. 42)	0. 0200 * (1. 86)
MB	0. 1291 *** (14. 09)	0. 0017 (0. 54)	0. 1240 *** (13. 30)	− 0. 0006 (− 0. 19)	0. 0700 *** (20. 66)	− 0. 0056 (− 1. 60)

续表

变量	删除 2014 年的样本		2014 年度 *Post* 取 1		采用面板固定效应模型	
	Analyst（1）	*Optimism*（2）	*Analyst*（3）	*Optimism*（4）	*Analyst*（5）	*Optimism*（6）
Cash	- 0. 1964 **（- 2. 07）	- 0. 1326 ***（- 4. 79）	- 0. 2198 **（- 2. 35）	- 0. 1427 ***（- 5. 37）	- 0. 3989 ***（- 11. 83）	- 0. 2347 ***（- 6. 86）
Analyst		0. 0517 ***（10. 59）		0. 0589 ***（12. 69）		0. 1225 ***（10. 46）
常数项	- 8. 6195 ***（- 25. 89）	1. 4679 ***（14. 74）	- 8. 5438 ***（- 25. 69）	1. 5699 ***（16. 21）	- 3. 1591 ***（- 9. 70）	1. 6316 ***（4. 96）
IND	控制	控制	控制	控制		控制
YEAR	控制	控制	控制	控制		控制
样本数	8092	8092	9934	9934	9934	9934
Adj_R^2	0. 4030	0. 1648	0. 4008	0. 1634	0. 1871	0. 1515

注：*、**、*** 分别表示在 10%、5% 和 1% 的水平上显著；括号内为 t 值。

（5）重新对时间变量（*Post*）进行界定：选择 2012~2016 年沪深两市的 A 股公司为研究样本，且 2012 年、2013 年时 *Post* 取值为 0；2014 年、2015 年、2016 年时 *Post* 取值为 1。对基本回归模型（5-2）和模型（5-3）重新进行检验，回归结果如表 5-10 列（3）和列（4）所示：列（3）可以看出，*Post × Treat* 的系数仍然显著为正（系数为 0.1783，在 1% 水平上显著），表明沪港通交易制度的实施显著提高了沪股通标的上市公司的分析师关注度，再次证明了本章节基本假设 5-1 的可靠性；列（4）可以看出，*Post × Treat* 的系数仍然显著为正（系数为 0.0506，在 1% 水平上显著），表明沪港通交易制度的实施显著提高了沪股通标的上市公司的分析师乐观性偏差，再次证明了本章基本假设 5-2b 的可靠性。

（6）为了减轻遗漏变量所带来的影响，本章进一步采取固定效应模型进行检验。经过豪斯曼检验后采用非平衡面板数据构建双重差分固定效应（DID + FE）对模型（5-2）和模型（5-3）重新检验。参考贝克等（Beck et al.，2010)、王庶和岳希明（2017）、纪彰波和臧日宏（2019）的做法，模型不同于一般的双重差分模型，这里只包含了 $Post \times Treat$，并未单独包含 $Post$ 和 $Treat$ 变量，因为它们已经包含在个体固定效应和时间固定效应中。回归结果如表 5-10 所示：列（5）可以看出，$Post \times Treat$ 的系数仍然显著为正显著（系数为 0.0801，在 1% 水平上显著），表明沪港通交易制度的实施显著提高了沪股通标的上市公司的分析师关注度，再次证明了本章基本假设 5-1 的可靠性；列（6）可以看出，交互项 $Post \times Treat$ 的系数仍然显著为正（系数为 0.0423，在 1% 水平上显著为正），表明沪港通交易制度的实施的确提高了沪股通标的上市公司的分析师乐观性偏差，再次支持了本章基本假设 5-2b。

第五节 机 制 分 析

一、佣金压力

根据本章理论分析和实证检验，我们发现，沪港通交易制度实施后，出于佣金收入等利益冲突的考虑，机构投资者发挥了"压力作用"，分析师的乐观性偏差显著提高。本章进一步探讨沪港通交易制度影响分析师乐观性偏差的机理。永奎斯特等（Ljungqvist et al.，2007）研究认为，分析师就职的证券公司经纪业务规模越大，其受到的提高佣金收入的压力越大，会倾向于发布乐观的研究报告。因此，本章考察佣金收入压力（$Htop$）是否是沪港通交易制度影响分析师乐观性偏差的一个机制。本章预期沪港通交易制度实施后，如果分析师所在证券公司获得的佣金收入越高，那么随着机构投资者持股比例的提高，其面临的为机构增加佣金收入的压力越大；受制于提高佣金收入压力的分析师比例更高，分析师更倾向于发布乐观性偏差。

借鉴许年行等（2012）的处理方法，首先每年按照总佣金对所有证券公司进行排名，排名结果见表5-11。如果分析师在前五大证券公司就职，则佣金收入虚拟变量（*Top*5）取值为1，否则取值为0；其次，每年按照来自 *Top*5 的分析师跟踪比例对上市公司进行两组，当该比例大于中位数时，佣金收入压力虚拟变量（*HTop*5）取值为1，否则取值为0。具体的回归结果见表5-12：从列（1）可以看出，在没有控制其他控制变量时，交乘项 $Post \times Treat \times Htop5$ 的系数显著为正（系数为0.0340，在5%水平上显著），同时交乘项 $Post \times Treat$ 的系数在1%水平上仍然显著为正；从列（2）可以看出，在控制其他控制变量时，交乘项 $Post \times Treat \times Htop5$ 的系数显著为正（系数为0.0231，在10%水平上显著），同时交乘项 $Post \times Treat$ 的系数在1%水平上仍然显著为正。回归结果证明了当沪港通交易制度实施后，分析师来自机构投资者的佣金收入压力作用越大，分析师更倾向于发布乐观性偏差。

表5-11　　　　　2012~2016年总佣金排名前五的证券公司　　　　单位：万元

排名	2012年		2013年		2014年		2015年		2016年	
	证券公司	总佣金	证券公司	总佣金	证券公司	总佣金	证券公司	总佣金	证券公司	总佣金
1	申万宏源	22503.45	中信证券	29800.73	中信证券	35985.05	招商证券	66200.80	招商证券	39915.16
2	中信证券	22491.53	海通证券	25607.28	海通证券	29159.01	中信证券	65545.96	中信证券	39224.84
3	中国银河	18708.60	申万宏源	24119.54	招商证券	28626.59	海通证券	60279.53	海通证券	35757.04
4	国泰君安	16728.35	招商证券	23547.08	国泰君安	28021.44	申万宏源	58916.93	广发证券	34085.24
5	海通证券	15733.70	国泰君安	23298.83	申万宏源	27210.01	国信证券	58351.79	中国银河	33827.13

资料来源：笔者根据 Wind 数据库整理。

表 5 - 12   沪港通交易制度、佣金收入与分析师乐观性偏差

变量	Optimism (1)	Optimism (2)
$Post \times Treat \times Htop5$	0.0340 ** (2.06)	0.0231 * (1.94)
$Post \times Treat$	0.0574 *** (2.72)	0.0583 *** (2.89)
$Post \times Htop5$	−0.0325 ** (−2.04)	−0.0124 (−0.83)
$Treat \times Htop5$	0.0208 (0.99)	0.0183 (0.94)
$Post$	−0.0638 *** (−4.82)	−0.0949 *** (−7.00)
$Treat$	−0.0609 *** (−4.10)	−0.0317 ** (−2.11)
$Htop5$	0.0062 (0.60)	0.0021 (0.21)
$Size$		−0.0314 *** (−5.53)
Roa		−1.7805 *** (−17.50)
Lev		−0.1031 *** (−3.83)
$Largeshare$		0.0149 (0.56)
$Inderatio$		−0.0046 (−0.06)
$Separation$		−0.0332 (−0.73)

续表

变量	Optimism（1）	Optimism（2）
Soe		− 0. 0245 *** （− 2. 65）
Loss		− 0. 0139 （− 1. 10）
Board		− 0. 0006 （− 0. 23）
Dual		0. 0010 （0. 13）
MB		0. 0076 ** （2. 05）
Cash		− 0. 1314 *** （− 4. 02）
Analyst		0. 0739 *** （10. 22）
常数项	0. 9003 *** （45. 59）	1. 5014 *** （13. 23）
IND	控制	控制
YEAR	控制	控制
N	5789	5789
Adj_R^2	0. 0289	0. 1644

注：* 、** 、*** 分别表示在10% 、5% 和1% 的水平上显著；括号内为 t 值。

　　根据上述分析，面临提高佣金压力的分析师比例越高，分析师更倾向于发布乐观的研究报告；而分析师发布乐观的研究报告将提高其所在经纪公司的股票交易量（Jackson，2005）。因此，如果分析师给出乐观性偏差的动机是为了吸引香港投资者参与沪股通标的公司的股票交易，从而为证券公司带来更多的佣金收入（Hayes，1998），那么在沪港通交易制度实施后，分析师对沪股通标的股票发布乐观盈利预测理应会增加相应股票的换手率（褚剑等，2019）。本章选择 *Turnover* 衡量股票换手率，并对此进行实证检验，回归结果如表 5 – 13 所示：列（1）可以看出分析师乐观性偏差显著提高了股票的换手率（*Optimism* 的系数为 0.3199，在 1% 水平上显著为正）；列（2）可以看出沪港通交易制度对股票换手率的影响为正但是不显著；列（3）可以看出对沪股通标的股票发布乐观性偏差可以显著提高股票换手率（*Post* × *Treat* × *Optimism* 的系数为 0.1719，在 10% 水平上显著为正），证实了我们的理论预期，从而为沪港通交易制度实施影响分析师乐观性偏差这一研究结论提供进一步的证据支持。

表 5 – 13　　　　沪港通交易制度、分析师乐观性偏差与股票换手率

变量	Turnover (1)	Turnover (2)	Turnover (3)
Post × *Treat* × *Optimism*			0.1719 * (1.90)
Post × *Optimism*			0.2409 (1.19)
Treat × *Optimism*			− 0.3214 (− 1.55)
Post × *Treat*		0.0089 (0.09)	− 0.1476 (− 0.44)
Post		1.649 *** (22.99)	1.4855 *** (8.38)
Treat		0.4392 *** (5.13)	0.7010 *** (3.81)
Optimism	0.3199 *** (3.38)		0.2521 ** (2.10)
Size	− 0.6846 *** (− 17.84)	− 0.7583 *** (− 19.28)	− 0.7467 *** (− 18.88)
Lev	1.7530 *** (8.18)	1.8043 *** (8.48)	1.8171 *** (8.53)

续表

变量	Turnover （1）	Turnover （2）	Turnover （3）
Largeshare	− 3. 1436 *** （− 15. 00）	− 3. 1874 *** （− 15. 32）	− 3. 1765 *** （− 15. 26）
Inderatio	− 0. 5911 （− 1. 01）	− 0. 5875 （− 1. 01）	− 0. 6059 （− 1. 04）
Separation	1. 5894 *** （4. 12）	1. 5997 *** （4. 18）	1. 6201 *** （4. 24）
Soe	0. 8927 *** （11. 36）	0. 8417 *** （10. 72）	0. 8460 *** （10. 75）
Loss	0. 1562 （1. 57）	0. 2368 ** （2. 41）	0. 1845 * （1. 86）
Board	− 0. 0375 ** （− 2. 01）	− 0. 0415 ** （− 2. 23）	− 0. 0405 ** （− 2. 18）
Dual	0. 0293 （0. 41）	0. 0435 （0. 61）	0. 0450 （0. 63）
MB	0. 1581 *** （4. 92）	0. 1443 *** （4. 43）	0. 1460 *** （4. 45）
Cash	− 0. 5838 ** （− 2. 38）	− 0. 6404 *** （− 2. 60）	− 0. 5706 ** （− 2. 31）
Analyst	0. 2930 *** （6. 60）	0. 3008 *** （6. 81）	0. 2817 *** （6. 35）
Institution	− 0. 0255 *** （− 16. 83）	− 0. 0259 *** （− 16. 98）	− 0. 0259 *** （− 16. 97）
常数项	18. 3358 *** （22. 37）	20. 1677 *** （23. 97）	19. 7190 *** （22. 86）
IND	控制	控制	控制
YEAR	控制	控制	控制
样本数	9874	9874	9874
Adj_R^2	0. 4314	0. 4337	0. 4348

注： * 、** 、*** 分别表示在10% 、5% 和1% 的水平上显著；括号内为 t 值。

二、管理层业绩预告质量

根据前文分析的资本市场信息传递过程，可知管理层业绩预告质量也是影响分析师预测准确性的一个重要因素。结合第四章的研究，沪港通交易制度实施后，管理层的业绩预告质量显著提高，此时，分析师获取信息的准确性越高，理应降低分析师乐观性偏差。因此，本章考察管理层业绩预告质量是否是沪港通交易制度抑制分析师乐观性偏差的一个机制。

具体的回归结果见表 5 – 14：从列（1）可以看出，在没有控制其他控制变量时，交乘项 $Post \times Treat \times M\_Forecast$ 的系数显著为负（系数为 – 0.0387，在 10% 水平上显著），同时交乘项 $Post \times Treat$ 的系数在 1% 水平上仍然显著为正；从列（2）可以看出，在控制其他控制变量时，交乘项 $Post \times Treat \times M\_Forecast$ 的系数显著为负（系数为 – 0.0595，在 5% 水平上显著），同时交乘项 $Post \times Treat$ 的系数在 1% 水平上仍然显著为正。回归结果证明了虽然沪港通交易制度显著提高了分析师乐观性偏差，但是管理层业绩预告质量的提高可以在一定程度上抑制这种作用的发挥。

表 5 – 14 沪港通交易制度、管理层业绩预告质量与分析师乐观性偏差

变量	$Optimism$ (1)	$Optimism$ (2)
$Post \times Treat \times M\_Forecast$	– 0.0387 * (– 1.78)	– 0.0595 ** (– 2.01)
$Post \times Treat$	0.0794 *** (5.37)	0.0510 *** (3.59)
$Post \times M\_Forecast$	– 0.0233 * (– 1.79)	– 0.0157 (– 1.32)
$Treat \times M\_Forecast$	0.0163 (0.43)	– 0.0432 (– 1.43)

续表

变量	Optimism （1）	Optimism （2）
Post	− 0. 0919 *** （ − 8. 68）	− 0. 0911 *** （ − 8. 66）
Treat	− 0. 0535 *** （ − 5. 07）	− 0. 0141 （ − 1. 30）
M_Forecast	− 0. 0347 *** （ − 4. 25）	− 0. 0259 *** （ − 3. 29）
Size		− 0. 0320 *** （ − 6. 80）
Roa		− 1. 8373 *** （ − 21. 83）
Lev		− 0. 1091 *** （ − 5. 18）
Largeshare		0. 0190 （0. 85）
Inderatio		0. 0147 （0. 26）
Separation		− 0. 0552 （ − 1. 46）
Soe		− 0. 0346 *** （ − 4. 44）
Loss		− 0. 0183 * （ − 1. 77）
Board		0. 0002 （0. 10）
Dual		− 0. 0023 （ − 0. 37）

变量	Optimism (1)	Optimism (2)
MB		−0.0008 (−0.25)
Cash		−0.1381 *** (−5.20)
Analyst		0.0596 *** (12.78)
常数项		1.5912 *** (16.36)
IND	控制	控制
YEAR	控制	控制
样本数	10339	10339
Adj_R^2	0.0336	0.1681

注：*、**、*** 分别表示在 10%、5% 和 1% 的水平上显著；括号内为 t 值。

第六节　拓展性检验

一、公司内部财务状况的影响

上市公司的财务状况千差万别，有的公司经营情况良好，而有些公司却陷入财务困境。那么对于财务状况不同的公司来讲，沪港通交易制度对分析师行为的影响一样吗？是否存在显著差异？为了衡量公司是否陷入财务困境，本章基于奥特曼（Altman）的 Z 指数模型来进行计算，其公式为：Z = 1.2 × [（流动资产 − 流动负债）/资产总额] + 1.4 ×（留存收益/资产总额）+ 3.3 ×（息税前利润/资产总额）+ 0.6 ×（股票市场价值/负债账面价值）+ 0.999 ×

（营业收入/资产总额）。根据奥特曼（Altman）的大量实证研究，得出陷入财务困境公司的 Z 值平均值都低于 1.8，为此本章借鉴奥特曼（Altman，1968）和姜付秀等（2009）的做法，以 1.8 为临界值来判断企业的财务状况，如果 Z 指数大于 1.8，本书认为上司财务状况较好；Z 指数小于 1.8，本书认为上市公司财务状况较差，并以此将上市公司分为两组。

回归结果如表 5-15 所示：列（1）和列（2）考察了两组样本之间的分析师跟踪数量差异，可以看出，在财务状况较好的上市公司，沪港通交易制度的实施显著提高了分析师的关注度（系数为 0.2103，在 1% 水平上显著）；在财务状况较差的上市公司，沪港通交易制度的实施虽然提高了分析师的关注度，但是并不显著，对其进行 suest 检验，p 值为 0.005，表明两组样本在1% 水平上存在着显著差异。列（3）和列（4）考察了两组样本之间的分析师乐观性偏差，可以看出，在财务状况较好和财务状况较差的上市公司，沪港通交易制度的实施分别在 1% 和 10% 的水平上显著提高了分析师乐观性偏差，suest 检验 p 值表明两组样本之间没有显著差异。

表 5-15　　　　　　　　　公司财务状况对基本回归模型的影响

变量	Analyst		Optimism	
	公司财务状况好 （1）	公司财务状况差 （2）	公司财务状况好 （3）	公司财务状况差 （4）
$Post \times Treat$	0.2103 *** （5.19）	0.0195 （0.33）	0.0518 *** （3.61）	0.0416 * （1.70）
$Post$	-0.1886 *** （-7.45）	0.0602 （1.15）	-0.0520 *** （-5.79）	-0.0874 *** （-4.06）
$Treat$	-0.0020 （-0.07）	0.0749 * （1.84）	-0.0129 （-1.28）	0.0118 （0.70）
$Size$	0.5837 *** （53.71）	0.4166 *** （24.18）	-0.0297 *** （-6.65）	-0.0328 *** （-4.02）
Roa	0.9377 *** （5.14）	0.1237 （0.26）	-1.9699 *** （-30.52）	-1.4868 *** （-7.60）

续表

变量	Analyst		Optimism	
	公司财务状况好 （1）	公司财务状况差 （2）	公司财务状况好 （3）	公司财务状况差 （4）
Lev	−0.5282 *** （−9.30）	−0.8270 *** （−5.66）	−0.1146 *** （−5.68）	−0.0337 （−0.56）
Largeshare	−0.7192 *** （−12.76）	−0.6456 *** （−6.48）	0.0376 * （1.87）	−0.0555 （−1.34）
Inderatio	0.2192 （1.26）	−0.1605 （−0.57）	0.0761 （1.24）	−0.1003 （−0.87）
Separation	0.3948 *** （3.70）	0.8157 *** （4.53）	−0.0663 * （−1.76）	−0.0175 （−0.23）
Soe	0.0216 （1.08）	0.1620 *** （4.64）	−0.0346 *** （−4.86）	−0.0223 （−1.55）
Loss	0.0731 * （1.77）	0.0649 （1.24）	−0.0603 *** （−4.14）	0.0313 （1.46）
Board	0.0131 ** （2.15）	0.0239 *** （3.06）	0.0029 （1.36）	−0.0047 （−1.48）
Dual	0.0093 （0.52）	−0.0094 （−0.21）	−0.0048 （−0.75）	0.0069 （0.38）
MB	0.1391 *** （19.93）	0.0569 （1.28）	0.0012 （0.46）	−0.0456 ** （−2.49）
Cash	−0.1960 *** （−3.00）	−0.2737 （−1.23）	−0.1428 *** （−6.17）	−0.0417 （−0.45）
Analyst			0.0651 *** （16.56）	0.0149 （1.52）
常数项	9.9572 *** （−40.51）	−5.7553 *** （−14.24）	1.4266 *** （14.98）	1.8445 *** （10.52）
suest 检验 p 值	0.005 ***		0.7251	

续表

变量	Analyst		Optimism	
	公司财务状况好 (1)	公司财务状况差 (2)	公司财务状况好 (3)	公司财务状况差 (4)
IND	控制	控制	控制	控制
YEAR	控制	控制	控制	控制
样本数	8123	1811	8123	1811
Adj_R^2	0.3910	0.4550	0.1696	0.1391

注：*、**、*** 分别表示在10%、5%和1%的水平上显著；括号内为 t 值。

二、公司外部治理机制的影响

弗朗西斯和于（Francis and Yu，2009）研究发现国际"四大"会计师事务所审计可以有效制约公司的真实盈余管理等行为，因此具有较高的审计质量（郭照蕊和黄俊，2015）；同时，基于"深口袋理论"，国际"四大"会计师事务所审计具有更强的独立性，因此可以作为上市公司有效的外部治理机制。我们根据上市公司是否受国际"四大"会计师事务所审计将其分成两个子样本，并进行分组检验。回归结果如表 5-16 所示：列（1）和列（2）考察了两组样本之间的分析师跟踪数量差异，可以看出，在"四大"会计师事务所审计和非"四大"会计师事务所审计的上市公司，沪港通交易制度的实施都在1%的水平上显著提高了分析师关注度，增加了分析师了跟踪数量；suest 检验 p 值表明两组样本之间没有显著差异。列（3）和列（4）考察了两组样本之间的分析师乐观性偏差，可以看出，在国际"四大"会计师事务所审计公司，沪港通交易制度的实施虽然提高了分析师的乐观性偏差，但是并不显著；在非国际"四大"会计师事务所审计公司，沪港通交易制度的实施显著提高了分析师的乐观性偏差（系数为0.0508，在1%水平上显著），对其进行 suest 检验，p 值为0.073，表明两组样本在10%水平上存在着显著差异。这说明国际"四大"会计师事务所审计可以在一定程度上抑制沪港通交易制度对分析师乐观性偏差的促使作用，能发挥一定的外部治理作用。

表5-16　　　　　　　　"四大"审计对基本回归模型的影响

变量	Analyst		Optimism	
	"四大"审计 （1）	非"四大"审计 （2）	"四大"审计 （3）	非"四大"审计 （4）
Post × Treat	0.2544 *** (2.70)	0.1736 *** (4.80)	0.0458 (0.91)	0.0508 *** (3.97)
Post	-0.0784 (-0.78)	-0.1562 *** (-6.21)	-0.0891 * (-1.68)	-0.1003 *** (-11.24)
Treat	-0.02383 (-0.31)	0.0125 (0.50)	-0.0186 (-0.46)	-0.0075 (-0.85)
Size	0.3394 *** (12.11)	0.5660 *** (57.78)	-0.0265 (-1.57)	-0.0272 *** (-6.73)
Roa	1.8468 *** (3.02)	1.0840 *** (6.31)	-1.7295 *** (-5.27)	-1.8894 *** (-30.99)
Lev	-0.4670 ** (-2.33)	-0.6472 *** (-12.75)	-0.1321 (-1.23)	-0.1086 *** (-5.99)
Largeshare	-0.4933 *** (-3.09)	-0.7158 *** (-13.84)	0.0618 (0.72)	0.0201 (1.09)
Inderatio	0.3682 (0.76)	-0.0017 (-0.01)	0.4689 * (1.81)	-0.0072 (-0.13)
Separation	1.0374 *** (3.94)	0.4237 *** (4.31)	-0.0288 (-0.20)	-0.0519 (-1.49)
Soe	0.2385 *** (3.90)	0.0417 ** (2.31)	-0.0024 (-0.07)	-0.0312 *** (-4.86)
Loss	0.1012 (0.84)	0.1035 *** (3.18)	0.0679 (1.06)	-0.0347 *** (-3.01)
Board	0.0166 (1.29)	0.0095 * (1.81)	0.0100 (1.46)	-0.0004 (-0.21)
Dual	0.0223 (0.30)	0.0125 (0.74)	-0.0168 (-0.43)	-0.0037 (-0.62)

续表

变量	Analyst		Optimism	
	"四大"审计 （1）	非"四大"审计 （2）	"四大"审计 （3）	非"四大"审计 （4）
MB	0.1621 *** （4.04）	0.1302 *** （19.33）	0.0066 （0.30）	-0.0002 （-0.07）
Cash	-1.0111 *** （-4.06）	-0.1952 *** （-3.09）	0.0971 （0.72）	-0.1486 *** （-6.64）
Analyst			0.0484 ** （2.07）	0.0589 *** （16.07）
suest 检验 p 值	0.4275		0.073 *	
常数项	-6.0682 *** （-7.89）	-9.3694 *** （-43.49）	1.4933 *** （3.45）	1.4945 *** （17.86）
IND	控制	控制	控制	控制
YEAR	控制	控制	控制	控制
样本数	550	9384	550	9384
Adj_R^2	0.4526	0.3876	0.0856	0.1613

注：*、**、*** 分别表示在10%、5%和1%的水平上显著；括号内为 t 值。

第七节 本章小结

本章利用2012～2016年A股上市公司数据，基于分析师行为视角运用双重差分模型探讨了沪港通交易制度实施的外部信息效应。在控制了可能的影响因素，使用 PSM + DID、安慰剂检验以及变换度量指标一系列稳健性检验后，实证结果发现，沪港通交易制度的实施显著提高了沪股通标的上市公司的分析师关注度，增加了分析师跟踪数量，但是也显著提高了分析师乐观性偏差。针对这一现象，本章探讨了沪港通交易制度影响分析师预测行为的机制，发现机构投资者在对分析师的影响中扮演着复杂的角色，机构投资者的

"压力作用"使分析师面临较高的佣金压力，促使其发布乐观性偏差；但是管理层业绩预告质量的提高却能够在一定程度上抑制沪港通交易制度对分析师乐观性偏差的促进作用。拓展性检验发现，如果上市公司被国际"四大"会计师事务所审计在一定程度上抑制了沪港通交易制度对分析师乐观性偏差的促使作用。

　　本章的研究结果证明了沪港通交易制度的实施虽然能够提高分析师的关注度，但是分析师的预测质量不仅没有提升，反而分析师更倾向于发布乐观性偏差。究其原因，一方面是作为利益关系体机构投资者的"压力作用"，为了获得更多的佣金收入或者提高"最佳分析师"等获选的可能性；另一方面也是因为我国的证券监管中普遍存在"执法不严"现象，违法成本过低使分析师更加注重目前的短期利益，更倾向于短线"投机"。长此以往，分析师的中介地位会受到严重挑战，会破坏资本市场的信息传导机制。为此，重塑分析师行业的责任意识，加强对其的监督和引导任重而道远。

第六章

沪港通交易制度对股价信息含量的影响研究

　　本书第四章基于管理层预测行为视角探讨了沪港通交易制度实施的内部信息治理效应，研究结果表明沪港通交易制度的实施显著提高了管理层的业绩预告质量；第五章则基于分析师行为视角探讨了沪港通交易制度实施的外部信息治理效应，研究结果表明沪港通交易制度的实施显著提高了分析师的关注度，但是却也显著提高了分析师乐观性偏差，降低了分析师的预测质量。不管是从内部信息治理效应着手，还是从外部信息治理效应着手，最终我们的研究点都是落在资本市场的整体信息治理效应上，在内部信息治理效应有所提高、外部信息治理效应有所降低的情况下，"沪港通"对资本市场整体信息治理效应的影响又会是如何呢？本章基于股价信息含量视角探讨沪港通交易制度实施的整体信息治理效应，以期得出一些有效的结论。

第一节　问题提出

资本市场的基本功能是利用股价的信号传递机制实现资源的最优配置，这种资源优化配置作用的大小取决于股价反映公司真实信息的能力。具体来讲，当公司股价中包含更多公司层面信息而非市场、行业等宏观信息时，股价越接近于公司实际价值，此时我们认为公司具有较高的股价信息含量，能更有效提高资本市场的配置效率（Tobin，1982；Morck et al.，2000；Chen et al.，2007）。正是因为股价信息含量在资本市场运行中所起的关键作用，研究股价信息含量的决定因素及提升路径已成为众多学者们研究的目标。

关于股价信息含量影响因素方面的文献比较多，国内外学者发现公司透明度（Bushman et al.，2004）、独立董事行业专长（张斌和王跃堂，2014）、分析师跟踪（朱红军等，2007）以及提高媒体关注度（黄俊和郭照蕊，2014）等内外部公司治理的改善可以使更多的公司层面特质信息反映在股价中，缓解公司管理层与外界投资者之间的信息不对称，从而提高股价的信息含量。也有学者突破公司内外治理机制这个研究框架，探索资本市场基础制度的改变对公司股价信息含量的影响。例如，李等（Li et al.，2004）研究发现资本市场开放程度能显著提高上市公司的股价信息含量；游家兴等（2006）早在十几年前就以动态的视角、历史研究的视野对中国的制度变迁和股市发展做了更为细致和深入的全景刻画，主要依据法律事件或规章条例等标准将证券市场制度建设进程划分为七个阶段，研究发现伴随着中国证券市场制度建设的逐步推进、不断完善，投资者法律保护机制得到加强、公司信息透明度得到提高，最终提高了公司的股价信息含量。后续学者在此基础上做了更细致的研究。例如，李科（2014）、常等（Chang et al.，2014）和李志生等（2015）利用我国沪深两市推出的融资融券制度这一准自然实验，研究发现卖空机制能使负面信息在股价中得到充分反映，从而改善了资本市场定价效率，提高了上市公司的股价信息含量；但是，褚剑等（2019）研究发现由于非对称的融资融券制度加剧了分析师的乐观性预测偏差，提升了上市公司的股价崩盘风险，反而损害了资本市场的定价效率。2014 年沪港通交易制度正式实施，作为资本市场对外开放的里程碑事件，"沪港通"是否会也会影响公司的股价信息含量？如何影响？这是本章很关注的问题。

与本书研究直接相关的文献有两篇：一篇是钟覃琳和陆正飞（2018）将股价同步性作为股价信息含量的衡量指标，研究发现沪港通交易制度的实施通过知情交易直接或优化公司治理机制间接地促进公司特质信息纳入股票价格，降低了股价同步性，从而增加了公司的股价信息含量；另一篇是高开娟（2018）也以股价同步性作为股价信息含量的度量指标，研究发现沪港通交易制度的实施使境外投资者加强对管理层的监督从而促使更多的市场和行业信息融入股价中，从而提高股价同步性，验证了股价同步性的定价效率观。同样的研究设计却得出截然不同的结论，根源在于"股价同步性"这个衡量指标。莫克等（Morck et al.，2000）首次运用资本资产定价模型的拟合系数（即 R^2）衡量股价同步性，亦即资本市场普遍存在的"同涨同跌"现象，这一现象表明公司特质信息较少通过交易融入股价中，导致投资者无法通过股价变动准确甄别出不同资质的公司，从而破坏了上市公司的信号传递机制，降低了上市公司的股价信息含量。在此基础上，国内外很多学者进行持续跟踪和探究，古尔等（Gul et al.，2010）、唐松等（2011）、李等（Li et al.，2015）从所有权结构、政治关系以及交叉上市等公司治理变量着手开展探讨，证实了良好的公司治理机制安排会促使股价吸收更多的公司特质信息，从而降低股价同步性，从公司微观层面支持了莫克等（Morck et al.，2000）的论断。总体来说，这类文献对股价同步性普遍持否定态度，支持了股价同步性定价无效观的观点。与此同时，一些学者提出了完全截然不同的观点。韦斯特（West，1988）指出，由于"噪声""泡沫"等非理性行为，公司特质收益变化很大程度上是与噪声相关的。孔东民和申睿（2008）、王亚平等（2009）选择中国这样一个新兴资本市场为研究对象，也发现中国股市更大可能体现的是市场噪声而非信息效率。毕竟在莫克等（Morck et al.，2000）提出的定价模型中，回归残差代表公司特质信息对股票收益的冲击，但是理论上回归残差代表着除了公共信息之外的所有因素，这不仅包含公司特质信息，还可能包含噪声。因此，较低的 R^2 也有可能是市场噪声交易的结果

（游家兴，2017）。除此之外，引起争议的还有作为资本市场信息中介的分析师，分析师到底传递的是公司的私有信息还是所在行业的信息？陈和哈米德（Chan and Hameed，2006）、冯旭南和李心愉（2011）研究发现分析师跟踪提高了公司的股价同步性，是因为分析师之间的行业联系和专业知识增加了股价中所反映的市场和行业层面信息；而朱红军等（2007）研究发现分析师的信息搜寻活动降低了分析师的股价同步性，是因为分析师信息搜寻活动使股价中包含更多的公司层面信息。这些文献虽然对分析师在股价同步性中扮演的角色有争议，但是这些学者都认同股价同步性越高，股价信息含量越低这个观点。

因此，鉴于"股价同步性"度量上市公司股价信息含量引起的争议，本章在梳理以上研究文献的基础上，借鉴卡佩尔奇克等（Kacperczyk et al.，2018）和刘贝贝（2019）采用的"公司未来预测的现金流和当前股票价格的变化"这个指标来度量上市公司的股价信息含量，探索沪港通交易制度实施的整体信息治理效应。基于双重差分模型，研究发现：沪港通交易制度的实施显著提高了上市公司的股价信息含量；机制检验表明，沪港通交易制度的实施通过提高管理层业绩预告质量以及降低分析师乐观性偏差等内容改善上市公司的整体股价信息含量；拓展性检验发现，在信息透明度较低和股价流动性较高的上市公司，沪港通交易制度实施发挥的作用更大。在使用 PSM + DID、安慰剂检验、更换度量指标等稳健性检验后，本章的研究结论仍然可靠。

本章的可能边际贡献主要体现在：第一，鉴于股价同步性反映的是公司特质信息还是噪声交易，现有研究还未达成一致，采用股价同步性来衡量股价信息含量存在一定的缺陷。本章借鉴卡佩尔奇克等（Kacperczyk et al.，2018）和刘贝贝（2019）使用的方法，采用"公司未来预测的现金流和当前股票价格的变化"这个指标来度量上市公司的股价信息含量，探讨沪港通交易制度的实施是否有助于促使股票回报反映更多公司未来盈余信息，从而提高股价信息含量，为已有基于公司股价信息含量视角的研究提供新的补充证据。第二，资本资产定价理论认为股价是企业未来现金流的价值体现，本章采用"公司未来预测的现金流和当前股票价格的变化"作为股价信息含量的度量指标则能够很好地体现了资本资产定价理论的理念，充分反映了投资者对企业未来盈利能力的预期；进一步，鉴于我国资本市场存在制度不完善等劣势，从短期股票回报视角探讨沪港通交易制度的信息效应可能会受到很多因素的潜在干扰，采用"公司未来预测的现金流和当前股票价格的变化"这个度量指标不仅可以衡量上市公司当期的股价信息含量，还可以衡量公司未来两期和三期的股价信息含量，从长期视角深入反映公司当期股票回报能否针对未来盈余进行准确反应，有助于更为清晰持续地说明沪港通交易制度实施对资本市场定价效率的影响，以此可以看出股价信息含量较稳定的变化趋势。

本章其余部分安排如下：第二节为股价信息含量文献综述；第三节为研究设计，包括样本选择、变量定义、实证模型设定；第四节为实证结果分析与讨论，包括变量描述性统计、基本回归、内生性检验、稳健性检验；第五节为拓展性检验；最后为本章小结。

第二节　文　献　综　述

股价信息含量，指的是关于未来盈余的信息有多少被资本化后反映在股票的价格中（Collins，1994）。根据罗尔（Roll，1988）和莫克等（Morck et al.，2000）的划分，资本市场上的信息分为市场层面信息、行业层面信息和公司层面的信息。其中，股价中包含的公司层面信息越高，股价的信息含量越高。关于股价信息含量的研究文献出现得比较早，但大多集中在股价信息含量的影响因素和度量方法两个方面。在影响因素方面，目前学者主要从公司内外部治理机制、高管个人背景、投资者保护以及资本市场制度建设等方面进行研究。在公司内外部治理方面，有学者研究发现上市公司良好的公司治理机制能提升了上市公司信息透明度（Karamanou and Vafeas，2005），缓解上市公司面临的融资约束问题（Durnev et al.，2001），降低上市公司的盈余管理程度（陆瑶和沈小力，2011），减少上市公司面临的不确定性（周林洁，2014），从而提高上市公司的股价信息含量。苏冬蔚和熊家财（2013）

研究发现上市公司可以通过提高股票流动性引导投资者深入挖掘公司层面的特质信息，从而提高股价信息含量。朱红军等（2007）研究发现证券分析师的跟踪能够帮助投资者更好地了解公司特质信息，增加公司的股价信息含量，推动股价回归真实价值。在高管个人背景方面，姜付秀等（2015）研究发现，董秘的财务经历能够增加上市公司的盈余反应系数，可以显著提高上市公司的盈余信息含量，尤其是当财务背景的董秘专业素质较高或者学历更高时。在机构投资者方面，费雷拉和劳克斯（Ferreira and Laux，2007）、林忠国和韩立岩（2011）分别采用股价同步性和知情交易概率（PIN 值）度量上市公司的股价信息含量，研究结果都发现机构投资者的交易行为能提高股价信息含量。除此之外，良好的制度环境也能够提高上市公司的股价信息含量，例如，史永和张龙平（2014）则以上市公司同步披露 PDF 和 XBRL 格式的财务报告为契机，研究发现 XBRL 财务报告的实施能使股价更充分地反映公司特质信息，提高了股价信息含量。

关于股价信息含量的度量方法，目前比较成熟的有四个：第一，选择股价同步性作为股价信息含量的度量指标。关于股价同步性如何反映股价信息含量，国内外学者持有两种截然不同的观点：一种观点认为，上市公司的股价信息含量越高，股价同步性越低（Roll，1988；Morck et al.，2000；Jin and Myers，2006；Durnev et al.，2003；黄俊和郭照蕊，2014）。另一种观点认为，上市公司的股价信息含量越高，股价同步性也越高，原因在于投资者非理性的噪声交易（West，1988；王亚平等，2009；Hu and Liu，2013）。第二，选择知情交易概率指标（IPN 观测值）作为股价信息含量的度量指标，这个指标由伊斯利（Easley，1996）提出，并由陈等（Chen et al.，2007）、袁知柱和鞠晓峰（2009）以及林忠国和韩立岩（2011）进行使用和验证。上市公司的 PIN 值越大，表明私有信息交易占所有交易的比例越大，其股价信息含量越高。第三，选择未来盈余反映系数（FERC）作为股价信息含量的度量指标，这种方法以柯林斯等（Collins et al.，1994）、钟凯等（2017）和董秀良等（2018）等为代表。如果未来盈余反应系数（FERC）增加，那么表明股票回报能够反映更多公司未来盈利能力信息，上市公司的股价信息含量得到提升。董秀良等（2018）研究发现沪港通交易制度实施后沪股通标的股票的未来盈余反应系数有所下降，表明沪港通交易制度的实施并没有提升内地的股市定价效率。第四，选择"公司未来预测的现金流和当前股票价格的变化"作为公司股价信息含量的度量指标，这也是本章采用的方法。这种方法以卡佩尔奇克等（Kacperczyk et al.，2018）和刘贝贝（2019）等为代表。Q理论认为公司的投资与未来的现金流成正比（Tobin，1969），从而使公司的市场价值在这种预期的关系中凸显，而投资是公司根据已有信息进行选择的结果，可以体现出上市公司的价值。因此，本章使用上市公司未来收益（用公司未来的现金流表示）对当前公司市值（用当前股票的市场价格表示）进行回归来衡量公司股价的有效性，回归的系数越大，表明公司的股价信息含量越高（刘贝贝，2019）。

已有研究考察了资本市场开放对上市公司股价信息含量的影响。钟凯等（2018）研究发现沪港通交易制度实施通过提高上市公司信息披露质量，从而降低了股价异质性波动。钟覃琳和陆正飞（2018）采用股价同步性指标探讨了资本市场开放对上市公司股价信息含量的影响，研究发现沪港通交易制度实施通过直接或间接治理机制促使公司特质信息纳入股价中，从而提高了股价信息含量。本章则基于"公司未来预测的现金流和当前股票价格的变化"这个度量指标重新对资本市场开放的整体信息治理效应进行分析。

第三节　研究设计

一、数据来源与样本选择

本章选取2012～2016年度中国沪深A股上市公司作为初始研究样本，并对初始研究样本进行如下筛选：第一，删除金融类行业样本公司；第二，删除财务数据缺失的样本公司；第三，删除2014年11月17日以后新入选和被调出的标的股票。根据沪股通标的股票选择的要求，沪股通标的的股票包含上证 180 指数成份股、上证 380 指数成份股、"A + H"股中符合要求的 568 家上交所 A 股上市公司。非沪股通标的股票包括未纳入上交所沪股通标的与全部深交所上市公司。沪股通标的股票名单来自香港联合交易所官网，财务数据来自国泰安（CSMAR）数据库。对本章涉及的连续变量在 1% 和 99% 的水平上进行 winsorize 处理。同时为了控制潜在的自相关问题，本章在所有回归中对标准误进行公司维度的 cluster 处理。

二、变量度量及计量模型设定

本章探讨沪港通交易制度的实施对股价信息含量的影响，股价指标具有信息含量则是本章研究的前提和关键。因此，本章首先构建传统的股价——市场反应的线性模型，对股价信息含量的存在性进行检验。该模型如下：

$$\frac{E_{i,t+h}}{A_{i,t}} = \alpha + \beta_1 \ln\left(\frac{M_{i,t}}{A_{i,t}}\right) + \varepsilon_{i,t} \tag{6-1}$$

式（6-1）中，E 是息税前利润，A 是公司总资产，M 是市场价值，$E_{i,t+h}/A_{i,t}$ 表示公司的未来收益。股价是否具有信息含量主要通过系数 β_1 来衡量，当 β_1 的值显著大于 0 时，表示上市公司的股价具有信息含量。在式（6-1）的基础上考虑上市公司的基本特征，回归模型变为如下形式：

$$\frac{E_{i,t+h}}{A_{i,t}} = \alpha + \beta_1 \ln\left(\frac{M_{i,t}}{A_{i,t}}\right) + \beta_2 \ln\left(\frac{M_{i,t}}{A_{i,t}}\right) \times X_{i,t} + \sum IND + \sum YEAR + \varepsilon_{i,t}$$

$$\tag{6-2}$$

式（6-2）中，向量组 X 为影响上市公司股价信息含量的因素。为了在一定程度上减少内生性的影响，本章参考姜付秀等（2015）的研究，对解释变量和控制变量进行滞后一期处理。IND 和 $YEAR$ 为行业和年度虚拟变量。在式（6-2）中，主要通过交互项系数 β_2 来考察两者之间的关系，当 β_2 的值显著大于 0 时，表明向量组 X 能显著提高上市公司的股价信息含量。在式（6-2）的基础上，结合本章的研究主题，参考卡佩尔奇克等（Kacperc-zyk et al.，2018）、刘贝贝（2019）和连立帅等（2019）的研究方法，本章设置以下模型来考察沪港通交易制度的实施是否影响上市公司的股价信息含量：

$$\frac{E_{i,t+h}}{A_{i,t}} = \alpha + \beta_1 Treat \times Post \times \ln\left(\frac{M_{i,t}}{A_{i,t}}\right) + \beta_2 Treat \times Post$$

$$+ \beta_3 Treat \times \ln\left(\frac{M_{i,t}}{A_{i,t}}\right) + \beta_4 Post \times \ln\left(\frac{M_{i,t}}{A_{i,t}}\right)$$

$$+ \beta_5 Treat + \beta_6 Post + \beta_7 \ln\left(\frac{M_{i,t}}{A_{i,t}}\right) + \beta_8 \ln\left(\frac{E_{i,t}}{A_{i,t}}\right)$$

$$+ \sum \beta_C Control_{i,t} + \sum IND + \sum YEAR + \varepsilon_{i,t,h} \qquad (6-3)$$

式（6-3）中，$\frac{E_{i,t+h}}{A_{i,t}}$ 是被解释变量，分别用三个代理变量 E/A_f1、E/A_f2、E/A_f3 表示，其中 F_E/A 等于公司未来一期的息税前利润与总资产的比值，E/A_f2 等于公司未来两期的息税前利润与总资产的比值，E/A_f3 等于公司未来三期的息税前利润与总资产的比值。$Treat \times Post \times \ln\left(\frac{M_{i,t}}{A_{i,t}}\right)$ 是主要的解释变量，如果 β_1 的系数显著为正，表明沪港通交易制度的实施能够显著提高上市公司的股价信息含量。$Control$ 为控制变量，包括上市公司规模（$Size$）、资产报酬率（Roa）、资产负债率（Lev）、第一大股东持股比例（$Largeshare$）、独立董事比例（$Inderatio$）、两权分离度（$Separation$）、产权性质（Soe）、亏损（$Loss$）、董事会规模（$Board$）、两职合一（$Dual$）和现金持有水平（$Cash$）以及行业（IND）和年度（$YEAR$）虚拟变量，变量的主要定义如表6-1所示。

表6-1　　　　　　　　　　　主要变量定义

变量类型	变量名称	变量符号	定义
被解释变量	公司未来现金流_f1	E/A_f1	等于上市公司未来一年的息税前利润与期末总资产的比值
	公司未来现金流_f2	E/A_f2	等于上市公司未来两年的息税前利润与期末总资产的比值
	公司未来现金流_f3	E/A_f3	等于上市公司未来三年的息税前利润与期末总资产的比值

续表

变量类型	变量名称	变量符号	定义
解释变量	沪港通交易制度实施时间虚拟变量	Post	沪港通交易制度实施之后的年度取值为1，否则为0，即2012年、2013年、2014年取值为0，2015年、2016年取值为1
	沪股通标的公司虚拟变量	Treat	当上市公司进入沪股通标的名单时，取值为1，否则为0
	公司股价指标	ln(M/A)	等于公司市场价值除以总资产的对数值
控制变量	公司当期现金流	E/A	等于上市公司当年的息税前利润与期末总资产的比值
	上市公司规模	Size	等于期末总资产的对数值
	资产报酬率	Roa	等于净利润除以期末总资产
	资产负债率	Lev	等于负债总额除以资产总额
	第一大股东持股比例	Largeshare	等于第一大股东持股数除以上市公司总股数
	独立董事比例	Inderatio	等于独立董事人数除以董事会人数
	两权分离度	Separation	等于实际控制人拥有上市公司控制权与所有权之差
	产权性质	Soe	当公司实际控制人为国有时，取值为1，否则为0
	亏损	Loss	若公司净利润小于0时，取值为1，否则为0
	董事会规模	Board	等于董事会人数
	两职合一	Dual	当董事长和总经理为同一人时，取值为1，否则为0
	现金持有水平	Cash	等于现金持有量除以总资产
	行业	IND	行业固定效应，其中制造业按二级分类，其余行业按一级分类
	年度	YEAR	年份固定效应

第四节　实证结果分析与讨论

一、描述性统计

表 6 - 2 列示了主要变量的描述性统计结果，分别报告了其样本量、均值、标准差、最小值、25 分位数、中位数、75 分位数和最大值等统计量。E/A 的均值为 0.0651，最小值为 - 0.0180，最大值为 0.2218，标准差为 0.0431，表明上市公司之间当期收益差别较大；E/A_f1 的均值为 0.0739，最小值为 - 0.0862，最大值为 0.3250，标准差为 0.0631，表明上市公司之间未来一年收益差别较大；E/A_f2 的均值为 0.0843，最小值为 - 0.1979，最大值为 0.4731，标准差为 0.0935，表明上市公司之间未来两年收益差别较大；E/A_f3 的均值为 0.1053，最小值为 - 0.2714，最大值为 0.7981，标准差为 0.1380，表明上市公司未来三年收益差别更大。从这四年收益指标可以看出，上市公司的收益是逐年提高的。$Treat$ 的均值为 0.2295，表明沪股通标的上市公司占全部样本的 22.95%。$\ln(M/A)$ 的均值为 0.6567，标准差为 0.4839，表明上市公司之间的差异较大。$Size$ 的均值为 22.1039，标准差为 1.2711。Roa 的均值为 0.0650，标准差为 0.0451。Lev 的均值为 0.4076，标准差为 0.2079。$Largeshare$ 的均值为 0.3624，表明我国的"一股独大"现象比较严重；标准差为 0.1505，最小值为 0.0878，最大值为 0.7578，表明上市公司之间的差异较大。Soe 的均值为 0.3655，表明本章所选样本中国有性质的上市公司占有近 37%。其余控制变量与以往研究结果总体比较接近。

表 6 - 2　　　　　　　　　主要变量描述性统计分析

变量	样本量	均值	标准差	最小值	25 分位数	中位数	75 分位数	最大值
E/A_f1	9326	0.0739	0.0631	- 0.0862	0.0362	0.0629	0.1006	0.3250
E/A_f2	9314	0.0843	0.0935	- 0.1979	0.0361	0.0678	0.1173	0.4731

变量	样本量	均值	标准差	最小值	25 分位数	中位数	75 分位数	最大值
E/A_f3	7167	0.1053	0.1380	−0.2714	0.0375	0.0764	0.1414	0.7981
$Post$	9326	0.4285	0.4949	0.0000	0.0000	0.0000	1.0000	1.0000
$Treat$	9326	0.2295	0.4205	0.0000	0.0000	0.0000	0.0000	1.0000
$\ln(M/A)$	9326	0.6567	0.4839	−0.0814	0.2796	0.5692	0.9517	2.1418
E/A	9326	0.0651	0.0431	−0.0180	0.0356	0.0568	0.0855	0.2218
$Size$	9326	22.1039	1.2711	19.2226	21.1870	21.9262	22.8102	25.9585
Roa	9326	0.0650	0.0451	−0.1999	0.0356	0.0568	0.0855	0.2559
Lev	9326	0.4076	0.2079	0.0479	0.2371	0.3936	0.5677	0.9870
$Largeshare$	9326	0.3624	0.1505	0.0878	0.2417	0.3454	0.4650	0.7578
$Inderatio$	9326	0.3737	0.0534	0.3077	0.3333	0.3333	0.4286	0.5714
$Separation$	9326	0.0479	0.0762	0.0000	0.0000	0.0000	0.0804	0.2882
Soe	9326	0.3655	0.4816	0.0000	0.0000	0.0000	1.0000	1.0000
$Loss$	9326	0.0231	0.1501	0.0000	0.0000	0.0000	0.0000	1.0000
$Board$	9326	8.6681	1.6985	3.0000	7.0000	9.0000	9.0000	18.0000
$Dual$	9326	0.2632	0.4404	0.0000	0.0000	0.0000	1.0000	1.0000
$Cash$	9326	0.1727	0.1343	0.0086	0.0770	0.1326	0.2262	0.6984

表 6 - 3 列示了单变量的双重差分分析。首先，本章分别检验非沪股通标的上市公司和沪股通标的上市公司在沪港通交易制度实施前后的公司未来现金流差异。列（5）显示的是非沪股通标的上市公司在沪港通交易制度实施前后的公司未来现金流变化，可以看出上市公司未来一期和未来二期的现金流分别在 1% 和 10% 水平上显著增加，未来三期的现金流有所降低，但不显著；列（6）显示的是沪股通标的上市公司在沪港通交易制度实施前后的公司未来现金流变化，可以看出未来二期和未来三期的现金流都有所提升，尤其是未来三期的现金流在 1% 水平上显著提升。其次，本章比较沪股通标的上市公司和非沪股通标的上市公司在沪港通交易制度实施前后的公司未来现金流差异，列（7）显示，相比非沪股通标的上市公司，沪股通标的上市公

司在受到沪港通交易制度冲击之后，未来三期的公司未来现金流（E/A_f3）在1%水平上显著提高，且两个样本的公司股价指标（$\ln(M/A)$）在1%水平上存在显著差异，这为初步探讨上市公司的股价信息含量差异提供了一些有用信息。此外，两个样本的公司当期现金流（E/A）、资产报酬率（Roa）、资产负债率（Lev）、亏损（$Loss$）、市账比（MB）和现金持有水平（$Cash$）等变量也存在显著差异。

表6-3   双重差分分析

变量	$Treat=0$		$Treat=1$		均值 Difference		Diff in Diff
	$Post=0$ (1)	$Post=1$ (2)	$Post=0$ (3)	$Post=1$ (4)	(5) = (2) − (1)	(6) = (4) − (3)	(7) = (6) − (5)
E/A_f1	0.071	0.076	0.077	0.070	0.005 ***	− 0.008 ***	− 0.013 *** (4.49)
E/A_f2	0.083	0.087	0.079	0.082	0.004 *	0.003	− 0.002 (0.40)
E/A_f3	0.111	0.107	0.086	0.101	− 0.004	0.015 ***	0.018 *** (2.96)
$\ln(M/A)$	0.479	0.851	0.365	0.547	0.371 ***	0.182 ***	− 0.189 *** (9.23)
E/A	0.065	0.064	0.072	0.063	− 0.001	− 0.009 ***	− 0.008 *** (4.02)
$Size$	21.560	21.904	23.028	23.333	0.344 ***	0.305 ***	− 0.039 (0.64)
Roa	0.065	0.064	0.072	0.063	− 0.001	− 0.009 ***	− 0.008 *** (3.87)
Lev	0.376	0.383	0.506	0.496	0.006	− 0.010	− 0.017 * (1.75)
$Largeshare$	0.359	0.342	0.417	0.405	− 0.018 ***	− 0.012	0.006 (0.75)

变量	Treat = 0		Treat = 1		均值 Difference		Diff in Diff
	Post = 0 (1)	Post = 1 (2)	Post = 0 (3)	Post = 1 (4)	(5) = (2) − (1)	(6) = (4) − (3)	(7) = (6) − (5)
Inderatio	0.373	0.375	0.371	0.372	0.002 *	0.001	− 0.001 (0.52)
Separation	0.050	0.045	0.055	0.051	− 0.005 ***	− 0.004	0.001 (0.36)
Soe	0.291	0.264	0.682	0.666	− 0.027 **	− 0.016	0.012 (0.50)
Loss	0.022	0.027	0.008	0.024	0.005	0.016 ***	0.011 * (1.74)
Board	8.592	8.391	9.531	9.215	− 0.200 ***	− 0.316 ***	− 0.115 (1.27)
Dual	0.304	0.306	0.105	0.135	0.001	0.029 **	0.028 (1.56)
Cash	0.211	0.164	0.149	0.139	− 0.048 ***	− 0.009 **	0.038 *** (6.53)

注：* 、** 、*** 分别表示在10%、5%和1%的水平上显著；括号内为 t 值。

二、基本回归结果与分析

表6-4列示了沪港通交易制度影响上市公司未来一期收益所对应股价信息含量的双重差分检验结果。列（1）和列（2）首先检验了股价信息含量的存在性：从列（1）可以看出，在没有控制其他控制变量时，$\ln(M/A)$ 的系数为0.0506，t 值为7.09，在1%水平上显著为正；列（2）则控制了其他控制变量，可以看出 $\ln(M/A)$ 的系数为0.0294，t 值为4.07，仍然在1%水平上显著为正，回归结果证明了样本公司的股价存在信息含量。列（3）和列（4）则检验了沪港通交易制度的实施是否影响上市公司未来一期收益所对应的股价信息含量：从列（3）可以看出，在没有控制其他控制变量时，Post ×

$Treat \times \ln(M/A)$ 的系数为 0.0350，t 值为 2.00，在 5% 水平上显著为正；列 (4) 则控制了其他控制变量，可以看出 $Post \times Treat \times \ln(M/A)$ 的系数为 0.0331，t 值为 1.86，在 10% 水平上显著为正。回归结果证明了沪港通交易制度的实施会显著提高未来一期收益所对应的股价信息含量。Roa 的系数在 1% 水平上显著为正，表明上市公司的资产报酬率越高，上市公司的股价信息含量越高；$Largeshare$ 的系数在 10% 水平上显著为正，表明当第一大股东持股比例越高时，上市公司的股价信息含量越高；Soe 的系数在 1% 水平上显著为负，表明当上市公司为国有企业时，股价信息含量显著降低。这和以往研究结果比较接近。

表 6-4　　　沪港通交易制度与股价信息含量（未来一期的公司收益）

变量	E/A_f1 (1)	E/A_f1 (2)	E/A_f1 (3)	E/A_f1 (4)
$Post \times Treat \times \ln(M/A)$			0.0350 ** (2.00)	0.0331 * (1.86)
$Post \times Treat$			-0.0246 *** (-2.68)	-0.0134 (-1.51)
$Post \times \ln(M/A)$			-0.0580 *** (-3.65)	-0.0425 *** (-2.60)
$Treat \times \ln(M/A)$			-0.0335 ** (-1.97)	-0.0385 ** (-2.33)
$Post$			0.0175 ** (2.49)	0.0178 ** (2.35)
$Treat$			0.0236 *** (3.28)	0.0183 ** (2.47)
$\ln(M/A)$	0.0506 *** (7.09)	0.0294 *** (4.07)	0.0853 *** (5.55)	0.0560 *** (3.64)
E/A		-0.0061 (-0.97)		-0.0058 (-0.95)

续表

变量	E/A_f1 (1)	E/A_f1 (2)	E/A_f1 (3)	E/A_f1 (4)
Size		−0.0003 (−0.17)		−0.0010 (−0.55)
Roa		1.0063 *** (9.88)		0.9861 *** (10.37)
Lev		0.0119 (0.73)		0.0097 (0.61)
Largeshare		0.0146 (1.62)		0.0161 * (1.79)
Inderatio		−0.0125 (−0.56)		−0.0148 (−0.66)
Separation		−0.0071 (−0.44)		−0.0072 (−0.45)
Soe		−0.0107 *** (−4.34)		−0.0107 *** (−4.47)
Loss		−0.0022 (−0.09)		−0.0009 (−0.04)
Board		0.0005 (0.81)		0.0006 (0.90)
Dual		0.0016 (0.42)		0.0014 (0.37)
Cash		−0.0124 (−0.77)		−0.0165 (−0.99)
常数项	0.0195 * (1.68)	−0.0472 (−1.38)	0.0011 (0.08)	−0.0401 (−1.13)
IND	控制	控制	控制	控制
YEAR	控制	控制	控制	控制
样本数	9326	9326	9326	9326
Adj_R^2	0.0378	0.1156	0.0462	0.1204

注：*、**、***分别表示在10%、5%和1%的水平上显著；括号内为t值。

表 6 – 5 列示了沪港通交易制度影响上市公司未来两期收益所对应股价信息含量的双重差分检验结果。同表 6 – 4，列（1）和列（2）首先检验了股价信息含量的存在性：从列（1）可以看出，在没有控制其他控制变量时，$\ln(M/A)$ 的系数为 0.0606，t 值为 6.92，在 1% 水平上显著为正；列（2）则控制了其他控制变量，可以看出 $\ln(M/A)$ 的系数为 0.0338，t 值为 3.38，仍然在 1% 水平上显著为正，回归结果证明了样本公司的股价存在信息含量。列（3）和列（4）则检验了沪港通交易制度的实施是否影响上市公司未来两期收益所对应的股价信息含量：从列（3）可以看出，在没有控制其他控制变量时，$Post \times Treat \times \ln(M/A)$ 的系数为 0.0559，t 值为 2.87，在 1% 水平上显著为正；列（4）则控制了其他控制变量，可以看出 $Post \times Treat \times \ln(M/A)$ 的系数为 0.0591，t 值为 2.85，在 1% 水平上显著为正，回归结果证明了沪港通交易制度的实施会显著提高未来两期收益所对应的股价信息含量。$Size$ 的系数在 1% 水平上显著为负值，表明上市公司的规模越大，上市公司的股价信息含量越低。Roa 的系数在 1% 水平上显著为正，表明上市公司的资产报酬率越高，上市公司的股价信息含量越高。$Largeshare$ 的系数在 1% 水平上显著为正，表明当第一大股东持股比例越高时，上市公司的股价信息含量越高。Soe 的系数在 1% 水平上显著为负，表明当上市公司为国有企业时，股价信息含量显著降低。$Board$ 的系数在 5% 水平上显著为正，表明董事会的规模越大，上市公司的股价信息含量越高。这和以往研究结果比较接近。

表 6 – 5　　　沪港通交易制度与股价信息含量（未来二期的公司收益）

变量	E/A_f2 (1)	E/A_f2 (2)	E/A_f2 (3)	E/A_f2 (4)
$Post \times Treat \times \ln(M/A)$			0.0559 *** (2.87)	0.0591 *** (2.85)
$Post \times Treat$			– 0.0063 (– 0.62)	– 0.0010 (– 0.10)
$Post \times \ln(M/A)$			– 0.0761 *** (– 4.66)	– 0.0690 *** (– 3.74)

变量	E/A_f2 (1)	E/A_f2 (2)	E/A_f2 (3)	E/A_f2 (4)
$Treat \times \ln(M/A)$			-0.0511^{***} (-2.88)	-0.0621^{***} (-3.37)
$Post$			-0.0011 (-0.13)	0.0128 (1.28)
$Treat$			0.0178^{**} (2.51)	0.0256^{***} (2.93)
$\ln(M/A)$	0.0606^{***} (6.92)	0.0338^{***} (3.38)	0.1073^{***} (6.64)	0.0776^{***} (4.28)
E/A		-0.0132 (-1.56)		-0.0128 (-1.56)
$Size$		-0.0084^{***} (-2.59)		-0.0102^{***} (-2.86)
Roa		0.9771^{***} (7.97)		0.9463^{***} (7.99)
Lev		0.0144 (0.69)		0.0120 (0.58)
$Largeshare$		0.0548^{***} (3.30)		0.0570^{***} (3.42)
$Inderatio$		0.0045 (0.11)		0.0010 (0.02)
$Separation$		0.0033 (0.11)		0.0022 (0.07)
Soe		-0.0156^{***} (-3.72)		-0.0166^{***} (-4.06)
$Loss$		0.0113 (0.35)		0.0136 (0.42)

续表

变量	E/A_f2 (1)	E/A_f2 (2)	E/A_f2 (3)	E/A_f2 (4)
Board		0.0024 ** (2.14)		0.0025 ** (2.20)
Dual		−0.0003 (−0.04)		−0.0005 (−0.07)
Cash		−0.0074 (−0.27)		−0.0160 (−0.57)
常数项	0.0234 * (1.67)	0.0772 (1.18)	0.0034 (0.22)	0.1030 (1.47)
IND	控制	控制	控制	控制
YEAR	控制	控制	控制	控制
样本数	9314	9314	9314	9314
Adj_R^2	0.0291	0.0577	0.0365	0.0646

注：* 、** 、*** 分别表示在 10% 、5% 和 1% 的水平上显著；括号内为 t 值。

表 6 - 6 列示了沪港通交易制度影响上市公司未来三期收益所对应股价信息含量的双重差分检验结果。同表 6 - 4 和表 6 - 5，列（1）和列（2）首先检验了股价信息含量的存在性：从列（1）可以看出，在没有控制其他控制变量时，ln(M/A) 的系数为 0.0811，t 值为 3.63，在 1% 水平上显著为正；列（2）则控制了其他控制变量，可以看出 ln(M/A) 的系数为 0.0384，t 值为 1.83，在 10% 水平上显著为正，回归结果证明了样本公司的股价存在信息含量。列（3）和列（4）则检验了沪港通交易制度的实施是否影响上市公司未来三期收益所对应的股价信息含量：从列（3）可以看出，在没有控制其他控制变量时，Post × Treat × ln(M/A) 的系数为 0.0784，t 值为 1.91，在 10% 水平上显著为正；列（4）则控制了其他控制变量，可以看出 Post × Treat × ln(M/A) 的系数为 0.0722，t 值为 1.76，在 10% 水平上显著为正，回归结果证明了沪港通交易制度的实施会显著提高未来三期收益所对应的股价信息含

量。Size 的系数在 1% 水平上显著为负值，表明上市公司的规模越大，上市公司的股价信息含量越低。Roa 的系数在 1% 水平上显著为正，表明上市公司的资产报酬率越高，上市公司的股价信息含量越高。Largeshare 的系数在 1% 水平上显著为正，表明当第一大股东持股比例越高时，上市公司的股价信息含量越高。Soe 的系数在 1% 水平上显著为负，表明当上市公司为国有企业时，股价信息含量显著降低。Board 的系数在 10% 水平上显著为正，表明董事会的规模越大，上市公司的股价信息含量越高。这和以往研究结果比较接近。

表 6 - 6　　　沪港通交易制度与股价信息含量（未来三期的公司收益）

变量	E/A_f3 (1)	E/A_f3 (2)	E/A_f3 (3)	E/A_f3 (4)
$Post \times Treat \times \ln(M/A)$			0.0784 * (1.91)	0.0722 * (1.76)
$Post \times Treat$			0.0164 (0.67)	0.0240 (0.99)
$Post \times \ln(M/A)$			- 0.0933 ** (- 2.41)	- 0.0796 ** (- 2.08)
$Treat \times \ln(M/A)$			- 0.0609 * (- 1.70)	- 0.0684 * (- 1.89)
$Post$			- 0.0059 (- 0.29)	0.0141 (0.64)
$Treat$			0.0035 (0.24)	0.0278 * (1.70)
$\ln(M/A)$	0.0811 *** (3.63)	0.0384 * (1.83)	0.1244 *** (3.29)	0.0797 ** (2.24)
E/A		- 0.0192 (- 1.09)		- 0.0183 (- 1.06)
$Size$		- 0.0184 *** (- 2.79)		- 0.0200 *** (- 2.80)

续表

变量	E/A_f3 （1）	E/A_f3 （2）	E/A_f3 （3）	E/A_f3 （4）
Roa		0.8165 *** （3.16）		0.7722 *** （3.09）
Lev		-0.0260 （-0.55）		-0.0280 （-0.59）
Largeshare		0.0931 *** （2.75）		0.0946 *** （2.79）
Inderatio		-0.0136 （-0.20）		-0.0194 （-0.28）
Separation		0.0114 （0.17）		0.0128 （0.19）
Soe		-0.0254 *** （-3.06）		-0.0269 *** （-3.37）
Loss		0.0241 （0.46）		0.0268 （0.51）
Board		0.0033 （1.63）		0.0034 * （1.67）
Dual		0.0023 （0.16）		0.0023 （0.16）
Cash		-0.0329 （-0.65）		-0.0415 （-0.80）
常数项	0.0023 （0.12）	0.2780 ** （2.26）	-0.0121 （-0.52）	0.3043 ** （2.31）
IND	控制	控制	控制	控制
YEAR	控制	控制	控制	控制
样本数	7167	7167	7167	7167
Adj_R^2	0.0232	0.0345	0.0290	0.0394

注：* 、** 、*** 分别表示在 10% 、5% 和 1% 的水平上显著；括号内为 t 值。

表6-4、表6-5和表6-6的回归结果显示，沪港通交易制度的实施不仅能够显著提高上市公司短期内（一年）的股价信息含量，还能够显著提高上市公司较长期内（两年和三年）的股价信息含量，表明资本市场开放的影响在一定时期内是持续的，有助于改善资本市场信息效率。

三、平行趋势假设检验

采用双重差分模型（DID）的前提是检验平行趋势假设。若该假设成立，则沪港通交易制度对资本市场整体信息效率的影响是在沪港通交易制度实施之后，而在该制度实施前，沪股通标的上市公司与非沪股通标的上市公司的资本市场整体信息效率变动趋势不存在显著差异。借鉴陈运森和黄健峤（2019）的研究设计，我们选择沪港通交易制度实施的 2014 年为基准年份，设置 $2012year\_dummy$、$2013year\_dummy$、$2015year\_dummy$ 和 $2016year\_dummy$ 四个年份虚拟变量，当这一年份为 2012 年时，取值为 1，否则取值为 0，其他三个虚拟变量以此类推。将沪股通标的变量（$Treat$）分别与上述四个年份虚拟变量相乘，并将所得四个交乘项一并放入模型（6-3）中。

具体回归结果如表6-7列（1）~列（3）所示，对于 E/A_f1 来讲，交互项 $2012year\_dummy \times Treat \times \ln(M/A)$ 和 $2013year\_dummy \times Treat \times \ln(M/A)$ 的系数均不显著，而 $2016year\_dummy \times Treat \times \ln(M/A)$ 的系数在 1% 的水平显著为正。这在一定程度上表明在沪港通交易制度实施之前，沪股通标的上市公司和非沪股通标的上市公司未来一期收益所对应的股价信息含量并不存在显著差异，支持了双重差分模型的适用性。同时，在沪港通交易制度实施之后，相对于非沪股通标的上市公司，沪股通标的上市公司的股价信息含量显著提高。而对于 E/A_f2 来讲，$2012year\_dummy \times Treat \times \ln(M/A)$ 和 $2013year\_dummy \times Treat \times \ln(M/A)$ 的系数均不显著，而 $2015year\_dummy \times Treat \times \ln(M/A)$ 和 $2016year\_dummy \times Treat \times \ln(M/A)$ 的系数分别在 1% 和 5% 的水平上显著为正。这表明在沪港通交易制度实施之前，沪股通标的上市公司和非沪股通标的上市公司未来两期收益所对应的股价信息含量并不存在显著差异，支持了双重差分模型的适用性。同时，在沪港通交易制度实施之后，相对于非沪股通标的上市公司，沪股通标的上市公司的股价信息含量显著提高。同样，对于 E/A_f3 来讲，$2012year\_dummy \times Treat \times \ln(M/A)$ 和 $2013year\_dummy \times Treat \times \ln(M/A)$ 系数均没有通过显著性检验，但是 $2015year\_dummy \times Treat \times \ln(M/A)$ 的系数在 1% 的水平上显著为正。这表明在沪港通交易制度实施之前，沪股通标的上市公司和非沪股通标的上市公司未来三期收益所对应的股价信息含量并不存在显著差异，支持了双重差分模型的适用性。同时，在沪港通交易制度实施之后，相对于非沪股通标的上市公司，沪股通标的上市公司的股价信息含量显著提高。

表 6 - 7　　　　　　　　　　平行趋势假设检验

变量	E/A_f1 （1）	E/A_f2 （2）	E/A_f3 （3）
$2012year\_dummy \times Treat \times \ln(M/A)$	0.0005 （0.08）	− 0.0019 （− 0.21）	0.0051 （0.27）
$2013year\_dummy \times Treat \times \ln(M/A)$	0.0049 （0.77）	− 0.0022 （− 0.22）	− 0.0092 （− 0.66）
$2015year\_dummy \times Treat \times \ln(M/A)$	0.0036 （0.95）	0.0201 *** （3.41）	0.0536 *** （3.27）
$2016year\_dummy \times Treat \times \ln(M/A)$	0.0156 *** （2.77）	0.0319 ** （2.00）	
E/A	− 0.0093 （− 1.38）	− 0.0171 * （− 1.88）	− 0.0230 （− 1.25）
$Size$	− 0.0059 ** （− 2.49）	− 0.0162 *** （− 4.38）	− 0.0265 *** （− 3.21）
Roa	1.1333 ** （9.39）	1.1375 *** （8.34）	0.9893 *** （3.26）
Lev	0.0117 （0.69）	0.0182 （0.87）	− 0.0200 （− 0.41）
$Largeshare$	0.0086 （0.96）	0.0512 *** （3.02）	0.0866 ** （2.51）

续表

变量	E/A_f1 （1）	E/A_f2 （2）	E/A_f3 （3）
Inderatio	−0.0043 （−0.20）	0.0180 （0.44）	0.0039 （0.06）
Separation	−0.0032 （−020）	0.0077 （0.24）	0.0190 （0.28）
Soe	−0.0098*** （−4.34）	−0.0147*** （−3.63）	−0.0246*** （−3.19）
Loss	−0.0012 （−0.05）	0.0146 （0.44）	0.0249 （0.46）
Board	0.0002 （0.36）	0.0022** （1.99）	0.0034* （1.65）
Dual	0.0015 （0.41）	−0.0004 （−0.06）	0.0023 （0.16）
Cash	−0.0162 （−0.98）	−0.0166 （−0.57）	−0.0330 （−0.65）
常数项	0.0750* （1.93）	0.2435*** （3.57）	0.4406*** （3.11）
IND	控制	控制	控制
YEAR	控制	控制	控制
样本数	9132	9121	7019
Adj_R^2	0.1094	0.0500	0.0337

注：＊、＊＊、＊＊＊分别表示在10%、5%和1%的水平上显著；括号内为t值。

四、内生性检验

由于沪股通标的上市公司的选定并非随机，沪港通交易制度实施之前实验组和控制组之间的公司特征可能已经存在差异，这些差异导致事件前实验组和控制组上市公司的股价信息含量并不一样，从而降低了双重差分估计的有效性。为了降低非随机选择可能导致的内生性问题，本章采用倾向得分匹配（PSM）方法为标的上市公司寻找配对样本，并对配对后的样本再次进行双重差分估计。

（一）倾向得分匹配（PSM）

首先，采用 Logit 模型考察哪些特征的上市公司能够成为沪股通标的股票。本章的匹配变量包括公司当期现金流（E/A）、上市公司规模（$Size$）、资产报酬率（Roa）、两权分离度（$Separation$）、产权性质（Soe）、亏损（$Loss$）、两职合一（$Dual$）以及行业（IND）和年度（$YEAR$）虚拟变量。其次，采用最近邻且非放回、卡尺值为 0.01 的匹配原则为每一个沪股通标的上市公司匹配到了相似的样本，分别得到 2476 个、2470 个和 1947 个样本。

（二）PSM 平衡性测试

本章接下来根据是否为沪股通标的企业，采用倾向得分匹配（PSM）方法估计沪港通交易制度对上市公司股价信息含量产生的"处理效应"。在进行倾向得分匹配回归估计之前，需要进行平衡性测试。表 6 - 8 列示了检验结果，可以看出匹配后所有解释变量的标准化偏差小于 10%，而且变量 t 检验的结果都不拒绝处理组与控制组无系统差异的原假设，对比匹配前的结果大多数变量的标准化偏差均大幅缩小，说明所有解释变量都通过了平衡性测试。这表明经过倾向得分匹配后，沪股通标的上市公司和非沪股通标的公司的特征差异得到了较大程度的消除，在进行倾向得分匹配时仅会损失少量样本。

表 6 - 8 倾向得分匹配平衡性检验

变量	匹配情况	均值		标准化偏差（%）	t 检验	
		处理组	对照组		t 值	p 值
E/A	匹配前	- 2.8744	- 2.927	7.6	2.96	0.003 ***
	匹配后	- 2.8786	- 2.8731	- 0.8	- 0.27	0.785

续表

变量	匹配情况	均值		标准化偏差（％）	t 检验	
		处理组	对照组		t 值	p 值
Size	匹配前	23. 208	21. 789	121. 1	50. 99	0. 000 ***
	匹配后	23. 127	23. 159	− 2. 7	− 0. 82	0. 413
Roa	匹配前	0. 6787	0. 6653	3. 2	1. 26	0. 208
	匹配后	0. 06767	0. 06911	− 3. 4	− 1. 03	0. 301
Separation	匹配前	0. 0526	0. 04666	7. 6	3. 12	0. 002 ***
	匹配后	0. 05406	0. 05673	− 3. 4	− 1. 04	0. 300
Soe	匹配前	0. 67345	0. 27562	86. 8	35. 41	0. 000 ***
	匹配后	0. 66309	0. 67725	− 3. 1	− 0. 96	0. 335
Loss	匹配前	0. 0071	0. 00807	− 1. 1	− 0. 44	0. 657
	匹配后	0. 00732	0. 00635	1. 1	0. 38	0. 705
Dual	匹配前	0. 12305	0. 30445	− 45. 4	− 16. 86	0. 000 ***
	匹配后	0. 12695	0. 13916	− 3. 1	− 1. 15	0. 250
Total	匹配前			39. 0		0. 000 ***
	匹配后			2. 5		0. 287

注：＊、＊＊、＊＊＊分别表示在10%、5%和1%的水平上显著。

（三）基于倾向得分匹配的双重差分（PSM + DID）

接下来，本章根据是否为沪股通标的样本采用倾向得分匹配（PSM）方法估计沪港通交易制度对上市公司股价信息含量产生的"处理效应"。具体回归结果见表6－9列（1）~列（6）：列（1）和列（2）都以 E/A_f1 作为被解释变量，列（1）首先验证了采用 PSM 配对后股价信息含量的存在性，回归结果发现 $\ln(M/A)$ 的系数 0. 0186，t 值为 4. 80，在 1% 的水平上显著，表明标的上市公司的股价存在信息含量；列（2）验证了采用 PSM 配对后沪港通交易制度对上市公司股价信息含量的影响，交乘项 $Post \times Treat \times \ln(M/A)$ 的系数在 10% 水平上显著为正，再次证明沪港通交易制度的实施能够显著提高上市公司的股价信息含量。列（3）和列（4）都以 E/A_f2 作为被解释变量，列（3）首先验证了采用 PSM 配对后股价信息含量的存在性，回归结果发现 $\ln(M/A)$ 的系数 0.0248，t 值为 3.28，在 1% 的水平上显著，表明标的上市公司的股价存在信息含量；列（4）验证了采用 PSM 配对后沪港通交易制度对上市公司股价信息含量的影响，交乘项 $Post \times Treat \times \ln(M/A)$ 的系数在 5% 水平上显著为正，再次证明沪港通交易制度的实施能够显著提高上市公司的股价信息含量。列（5）和列（6）都以 E/A_f3 作为被解释变量，列（5）首先验证了采用 PSM 配对后股价信息含量的存在性，回归结果发现 $\ln(M/A)$ 的系数 0.0224，t 值为 1.85，在 10% 的水平上显著，表明标的上市公司的股价存在信息含量；列（6）验证了采用 PSM 配对后沪港通交易制度对上市公司股价信息含量的影响，交乘项 $Post \times Treat \times \ln(M/A)$ 的系数在 5% 水平上显著为正，再次证明沪港通交易制度的实施能够显著提高上市公司的股价信息含量。上述研究表明在解决了内生性问题后，本章的研究结论仍然可靠，沪港通交易制度的实施不仅显著提高了沪股通标的上市公司短期内的股价信息含量，也能显著提高沪股通标的上市公司较长期内的股价信息含量。

表 6-9　　　　　　　　　基于 PSM + DID 的回归结果

变量	E/A_f1		E/A_f2		E/A_f3	
	（1）	（2）	（3）	（4）	（5）	（6）
$Post \times Treat \times \ln(M/A)$		0.0056 * （1.74）		0.0570 ** （2.13）		0.1007 ** （2.44）
$Post \times Treat$		−0.0013 （−0.22）		−0.0077 （−0.61）		−0.0114 （−0.55）
$Post \times \ln(M/A)$		−0.0148 ** （−2.19）		−0.0610 *** （−2.67）		−0.0945 *** （−2.65）
$Treat \times \ln(M/A)$		−0.0073 （−0.99）		−0.0329 （−1.37）		−0.0374 （−1.18）
$Post$		0.0099 ** （2.05）		0.0227 ** （1.96）		0.0381 ** （2.42）

变量	E/A_f1		E/A_f2		E/A_f3	
	(1)	(2)	(3)	(4)	(5)	(6)
Treat		0.0027		0.0080		0.0149
		(0.78)		(0.95)		(1.39)
ln(M/A)	0.0186 ***	0.0282 ***	0.0248 ***	0.0568 ***	0.0224 *	0.0530 *
	(4.80)	(4.33)	(3.28)	(2.58)	(1.85)	(1.73)
E/A	0.0003	0.0002	0.0021	0.0025	0.0028	0.0031
	(0.05)	(0.03)	(0.27)	(0.31)	(0.25)	(0.27)
Size	0.0040 ***	0.0041 ***	−0.0008	−0.0005	−0.0061	−0.0059
	(3.01)	(3.13)	(−0.24)	(−0.15)	(−1.12)	(−1.09)
Roa	0.9008 ***	0.8929 ***	0.8771 ***	0.8555 ***	0.9546 ***	0.9387 ***
	(9.84)	(9.75)	(5.91)	(5.86)	(4.65)	(4.65)
Lev	0.0038	0.0025	0.0204	0.0170	0.0161	0.0123
	(0.52)	(0.35)	(1.02)	(0.88)	(0.53)	(0.41)
Largeshare	0.0081	0.0088	0.0259 **	0.0265 **	0.0345	0.0327
	(1.16)	(1.26)	(2.22)	(2.29)	(1.62)	(1.49)
Inderatio	−0.0368	−0.0397	−0.0380	−0.0414	−0.0766	−0.0803
	(−1.52)	(−1.63)	(−0.92)	(−1.01)	(−1.06)	(−1.12)
Separation	−0.0083	−0.0086	−0.0012	−0.0008	−0.0089	−0.0053
	(−0.75)	(−0.77)	(−0.05)	(−0.03)	(−0.25)	(−0.15)
Soe	−0.0078 ***	−0.0077 ***	−0.0090 *	−0.0087 *	−0.0066	−0.0053
	(−3.34)	(−3.29)	(−1.71)	(−1.68)	(−0.69)	(−0.56)
Loss	−0.0023	−0.0029	−0.0023	−0.0031	−0.0007	−0.0029
	(−0.27)	(−0.32)	(−0.20)	(−0.27)	(−0.03)	(−0.14)
Board	−0.0001	−0.0001	−0.0013	−0.0012	0.0007	0.0008
	(−0.10)	(−0.12)	(−1.13)	(−1.09)	(0.31)	(0.36)
Dual	0.0016	0.0015	−0.0020	−0.0028	−0.0070	−0.0083
	(0.65)	(0.61)	(−0.30)	(−0.41)	(−0.58)	(−0.69)

续表

变量	E/A_f1		E/A_f2		E/A_f3	
	（1）	（2）	（3）	（4）	（5）	（6）
Cash	0.0316 ** （2.03）	0.0299 * （1.91）	0.0384 （1.60）	0.0298 （1.22）	0.0553 （1.40）	0.0446 （1.12）
常数项	− 0.0886 ** （− 2.49）	− 0.0937 *** （− 2.61）	0.0043 （0.05）	− 0.0064 （− 0.08）	0.1352 （1.08）	0.1263 （0.99）
IND	控制	控制	控制	控制	控制	控制
YEAR	控制	控制	控制	控制	控制	控制
样本数	2476	2476	2470	2470	1947	1947
Adj_R^2	0.4806	0.4822	0.1903	0.1981	0.1351	0.1462

注：*、**、*** 分别表示在 10%、5% 和 1% 的水平上显著；括号内为 t 值。

五、稳健性检验

（一）进行安慰剂检验（placebo test）

（1）本章引入反事实框架，将沪港通交易制度实施年份向前推移 3 年，即假定沪港通交易制度于 2011 年实施，以此来排除处理组和控制组样本公司之间固有特征差异对研究结论的干扰。回归结果如表 6 – 10 列（1）~列（3）所示：列（1）的 $Post \times Treat \times \ln(M/A)$ 系数在假定政策发生时点情形下不再显著（系数为 − 0.0525 且不显著），说明沪港通交易制度实施后，沪股通标的上市公司短期内股价信息含量的增加并非由处理组和控制组样本公司的固有特征差异所导致，从而支持了本章的研究结论。列（2）和列（3）的 $Post \times Treat \times \ln(M/A)$ 系数在假定政策发生时点情形下也不再显著，说明沪港通交易制度实施后，沪股通标的上市公司较长期内股价信息含量的增加也并非由处理组和控制组样本公司的固有特征差异所导致，从而支持了本章的研究结论。

（2）将沪港通交易制度实施年份向前推移 5 年，即假定沪港通交易制度于

2009 年实施，以此来排除处理组和控制组样本公司之间固有特征差异对研究结论的干扰。回归结果如表 6 - 10 列（4）～列（6）所示：列（4）的 $Post \times Treat \times \ln(M/A)$ 系数在假定政策发生时点情形下不再显著（系数为 - 0.0391 且不显著），说明沪港通交易制度实施后，沪股通标的上市公司短期内股价信息含量的增加并非由处理组和控制组样本公司的固有特征差异所导致，从而支持了本章的研究结论；列（5）的 $Post \times Treat \times \ln(M/A)$ 系数在假定政策发生时点情形下也不再显著（系数为 - 0.2027 且不显著）；列（6）的 $Post \times Treat \times \ln(M/A)$ 系数在假定政策发生时点情形下虽然显著但是为负数（系数为 - 0.5285，在 10% 水平上显著）。说明沪港通交易制度实施后，沪股通标的上市公司较长期内股价信息含量的增加也并非由处理组和控制组样本公司的固有特征差异所导致，从而支持了本章的研究结论。

表 6 - 10　　　　　　　　　　　　　安慰剂检验

变量	沪港通交易制度实施年份推前 3 年			沪港通交易制度实施年份推前 5 年		
	E/A_f1 (1)	E/A_f2 (2)	E/A_f3 (3)	E/A_f1 (4)	E/A_f2 (5)	E/A_f3 (6)
$Post \times Treat \times \ln(M/A)$	- 0.0525 (- 0.76)	0.2656 (1.30)	0.2763 (1.19)	- 0.0391 (- 0.39)	- 0.2027 (- 0.77)	- 0.5285 * (- 1.75)
$Post \times Treat$	0.0131 (0.38)	- 0.1904 * (- 1.67)	- 0.2313 * (- 1.75)	0.0318 (0.63)	0.0851 (0.60)	0.2386 (1.56)
$Post \times \ln(M/A)$	- 0.0206 (- 0.34)	- 0.4231 ** (- 2.03)	- 0.4374 * (- 1.81)	0.0994 (1.06)	0.2229 (0.76)	0.5591 (1.63)
$Treat \times \ln(M/A)$	0.0280 (0.45)	- 0.2714 (- 1.41)	- 0.3062 (- 1.43)	0.0526 (0.79)	- 0.0747 (- 0.40)	0.0953 (1.01)
$Post$	0.0134 (0.40)	0.2812 ** (2.07)	0.3644 ** (2.05)	- 0.0385 (- 0.63)	0.0359 (0.20)	- 0.1809 (- 1.36)
$Treat$	0.0016 (0.05)	0.1843 * (1.87)	0.2177 * (1.95)	- 0.0144 (- 0.41)	0.0723 (0.75)	0.0075 (0.16)

续表

变量	沪港通交易制度实施年份推前 3 年			沪港通交易制度实施年份推前 5 年		
	E/A_f1 (1)	E/A_f2 (2)	E/A_f3 (3)	E/A_f1 (4)	E/A_f2 (5)	E/A_f3 (6)
$\ln(M/A)$	0.0739 (1.26)	0.4918** (2.29)	0.5311** (2.18)	0.0055 (0.07)	0.2830 (1.23)	0.0722 (0.62)
E/A	−0.0087 (−0.84)	0.0528 (1.06)	0.0538 (1.08)	−0.0175 (−1.18)	0.0815 (1.13)	0.0553 (0.94)
$Size$	0.0018 (0.45)	−0.0176* (−1.87)	−0.0210*** (−2.68)	0.0026 (0.72)	−0.0144 (−1.58)	−0.0184** (−2.17)
Roa	0.7896*** (3.19)	0.3218 (0.64)	0.0569 (0.10)	0.8209*** (3.16)	−0.0647 (−0.09)	0.3854 (0.75)
Lev	0.0051 (0.13)	0.3691** (2.36)	0.3742* (1.90)	−0.0147 (−0.30)	0.4427** (2.42)	0.4312* (1.89)
$Largeshare$	0.0002 (0.01)	0.1014 (1.45)	0.0513** (2.03)	0.0066 (0.18)	0.1453 (1.49)	−0.0069 (−0.11)
$Inderatio$	−0.0362 (−0.83)	0.3779** (2.01)	0.3139 (1.52)	−0.0525 (−0.90)	0.4374* (1.93)	0.3214 (1.42)
$Separation$	−0.0417 (−1.63)	−0.0515 (−0.77)	−0.1445* (−1.88)	−0.0388 (−1.20)	−0.0338 (−0.44)	−0.1519* (−1.79)
Soe	−0.0157* (−1.93)	−0.0418** (−2.34)	−0.0536** (−2.35)	−0.0159 (−1.55)	−0.0280 (−1.56)	−0.0329 (−1.35)
$Loss$	0.0241 (1.07)	0.0129 (0.31)	−0.0029 (−0.06)	−0.0148 (−0.54)	0.0738 (1.17)	−0.0726 (−0.72)
$Board$	0.0011 (0.50)	0.0070* (1.70)	0.0093 (1.51)	0.0014 (0.61)	0.0067* (1.72)	0.0082 (1.49)
$Dual$	−0.0152** (−1.97)	0.0022 (0.08)	−0.0119 (−1.07)	−0.0178* (−1.66)	0.0086 (0.22)	−0.0122 (−0.78)
$Cash$	0.0459 (1.41)	0.2166** (2.54)	0.2923* (1.90)	0.0693* (1.66)	0.2755** (2.53)	0.3952** (2.06)

变量	沪港通交易制度实施年份推前 3 年			沪港通交易制度实施年份推前 5 年		
	E/A_f1 （1）	E/A_f2 （2）	E/A_f3 （3）	E/A_f1 （4）	E/A_f2 （5）	E/A_f3 （6）
常数项	-0.1171 （-1.31）	-0.2104 （-0.95）	-0.1722 （-0.58）	-0.1331 （-1.38）	-0.1960 （-1.08）	0.0182 （0.06）
IND	控制	控制	控制	控制	控制	控制
YEAR	控制	控制	控制	控制	控制	控制
样本数	8728	8728	8728	7060	7060	7060
Adj_R^2	0.0574	0.0895	0.0937	0.0579	0.0862	0.0994

注：*、**、*** 分别表示在 10%、5% 和 1% 的水平上显著；括号内为 t 值。

（二）采用股价同步性指标重新度量上市公司的股价信息含量

借鉴金和迈尔斯（Jin and Myers，2006）以及黄俊和郭照蕊（2014）的文献，运用式（6-4）估计个股的年度 R^2；由于 R^2 的取值范围是 [0，1]，本章在式（6-5）中采用 Logistic 变换使 R^2 接近正态分布，计算得到股价同步性的度量指标：$SYNCH$。

$$RET_{it} = \beta_0 + \beta_1 \times MARET_t + \beta_2 \times INDRET_{jt} + \varepsilon_{it} \qquad (6-4)$$

$$SYNCH_i = \ln[R_i^2/(1-R_i^2)] \qquad (6-5)$$

式（6-4）中，RET_{it} 表示第 i 个公司第 t 周的股票收益率，$MARET_t$ 和 $INDRET_{jt}$ 分别为第 t 周市场股票收益率和第 t 周流通市值加权计算的公司所在行业 j 的收益率；R_i^2 为式（6-4）中的年度回归拟合优度值，表示公司的个股收益中被市场收益和行业收益所解释的部分。

尽管股价同步性指标存在很大的争议，本章在稳健性检验部分采用此指标重新度量上市公司的股价信息含量，回归结果如表 6-11 所示：列（1）在没有控制控制变量的情况下，可以看出 $Post \times Treat$ 的系数显著负相关（系数为 -0.0786，在 5% 水平上显著）；列（2）增加了相应的控制变量，可以看出 $Post \times Treat$ 的系数显著负相关（系数为 -0.1255，在 1% 水平上显著）。由此可以看出，本章的研究支持了钟覃琳和陆正飞（2018）

的研究结论，表明沪港通交易制度的实施显著降低了沪股通标的上市公司的股价同步性，提高了股价信息含量，从而也提高了资本市场的整体信息效率。

表 6 – 11   采用股价同步性度量股价信息含量

变量	SYNCH （1）	SYNCH （2）
Post × Treat	− 0. 0786 ** （ − 2. 10）	− 0. 1255 *** （ − 3. 32）
Post	0. 2452 *** （9. 37）	0. 2134 *** （7. 16）
Treat	0. 3403 *** （11. 08）	0. 1719 *** （5. 55）
Size		0. 1423 *** （11. 18）
Roa		− 1. 4234 *** （ − 6. 67）
Lev		− 0. 6600 *** （ − 10. 99）
Largeshare		− 0. 2317 *** （ − 3. 48）
Inderatio		0. 2517 （1. 34）
Separation		0. 1224 （1. 04）
Soe		0. 1509 *** （6. 71）
Loss		− 0. 1285 *** （ − 3. 75）

变量	SYNCH (1)	SYNCH (2)
Board		0. 0128 ** (2. 09)
Dual		0. 0014 (0. 07)
MB		− 0. 0543 *** (− 5. 97)
Cash		− 0. 0215 (− 0. 28)
常数项	− 0. 0928 (− 1. 13)	− 2. 8440 *** (− 10. 08)
IND	控制	控制
YEAR	控制	控制
样本数	10706	10706
Adj_R^2	0. 2369	0. 2839

注：* 、** 、*** 分别表示在 10% 、5% 和 1% 的水平上显著；括号内为 t 值。

(三) 其他稳健性检验

重新对时间变量 (Post) 进行界定：选择 2012 ~ 2016 年沪深两市的 A 股公司为研究样本，且 2012 年、2013 年时 Post 取值为 0；2014 年、2015 年、2016 年时 Post 取值为 1。对基本回归模型 (6 – 3) 重新进行回归，结果如表 6 – 12 列 (1) ~ 列 (3) 所示：列 (1) 的 $Post \times Treat \times \ln(M/A)$ 系数在 10% 水平上显著正相关，表明沪港通交易制度的实施的确提高了上市公司的短期信息含量；列 (2) 和列 (3) 的 $Post \times Treat \times \ln(M/A)$ 系数在分别在 1% 和 10% 水平上显著正相关，表明沪港通交易制度的实施的确也提高了上市公司的较长期信息含量。再次验证了本章研究结论的稳健性。

表 6 – 12 其他稳健性检验

变量	E/A_f1 (1)	E/A_f2 (2)	E/A_f3 (3)
$Post \times Treat \times \ln(M/A)$	0.0331 * (1.86)	0.0591 *** (2.85)	0.0722 * (1.76)
$Post \times Treat$	−0.0134 (−1.51)	−0.0010 (−0.10)	0.0240 (0.99)
$Post \times \ln(M/A)$	−0.0425 *** (−2.60)	−0.0690 *** (−3.74)	−0.0796 ** (−2.08)
$Treat \times \ln(M/A)$	−0.0385 ** (−2.33)	−0.0621 *** (−3.37)	−0.0684 * (−1.89)
$Post$	0.0178 ** (2.35)	0.0128 (1.28)	0.0141 (0.64)
$Treat$	0.0183 ** (2.47)	0.0256 *** (2.93)	0.0278 * (1.70)
$\ln(M/A)$	0.0560 *** (3.64)	0.0776 *** (4.28)	0.0797 ** (2.24)
E/A	−0.0058 (−0.95)	−0.0128 (−1.56)	−0.0183 (−1.06)
$Size$	−0.0010 (−0.55)	−0.0102 *** (−2.86)	−0.0200 *** (−2.80)
Roa	0.9861 *** (10.37)	0.9463 *** (7.99)	0.7722 *** (3.09)
Lev	0.0097 (0.61)	0.0120 (0.58)	−0.0280 (−0.59)
$Largeshare$	0.0161 * (1.79)	0.0570 *** (3.42)	0.0946 *** (2.79)
$Inderatio$	−0.0148 (−0.66)	0.0010 (0.02)	−0.0194 (−0.28)
$Separation$	−0.0072 (−0.45)	0.0022 (0.07)	0.0128 (0.19)

续表

变量	E/A_f1 (1)	E/A_f2 (2)	E/A_f3 (3)
Soe	-0.0107*** (-4.47)	-0.0166*** (-4.06)	-0.0269*** (-3.37)
Loss	-0.0009 (-0.04)	0.0136 (0.42)	0.0268 (0.51)
Board	0.0006 (0.90)	0.0025** (2.20)	0.0034* (1.67)
Dual	0.0014 (0.37)	-0.0005 (-0.07)	0.0023 (0.16)
Cash	-0.0165 (-0.99)	-0.0160 (-0.57)	-0.0415 (-0.80)
常数项	-0.0401 (-1.13)	0.1030 (1.47)	0.3043** (2.31)
IND	控制	控制	控制
YEAR	控制	控制	控制
样本数	9132	9121	7019
Adj_R^2	0.1204	0.0646	0.0394

注：*、**、***分别表示在10%、5%和1%的水平上显著；括号内为 t 值。

第五节　拓展性检验

一、信息透明度的影响

赫顿等（Hutton et al.，2009）研究发现上市公司所面临的信息环境是影响股价信息含量的一个重要因素，信息不透明度越高，不仅会导致股价不能及时反映公司价值，还会由于累积信息（特别是坏消息）的突然释放而引起股价的剧烈波动，从而降低了股票价格的信息含量。那么本章需要考虑的问题是：在信息透明度不同的上市公司，"沪港通"对上市公司股价信息含量的影响是否会存在显著差异？

本章参考德肖等（Dechow et al.，2010）的研究，采用盈余质量来衡量公司信息透明度。表 6 – 13 列（1）~ 列（6）列示了按信息透明度程度分组回归的结果：列（1）和列（2）对应的被解释变量为 E/A_f1，在信息透明度较低组，$Post \times Treat \times \ln(M/A)$ 的系数显著正相关（系数为 0.0431，在 5% 水平上显著）；而在信息透明度较高组，$Post \times Treat \times \ln(M/A)$ 的系数虽然仍为正数，但是在统计上不显著。采用 suest 方法进行组间差异检验，组间 $Post \times Treat \times \ln(M/A)$ 系数的差异在 10% 水平上显著，表明两组之间存在显著差异。列（3）和列（4）对应的被解释变量为 E/A_f2，在信息透明度较低组，$Post \times Treat \times \ln(M/A)$ 的系数显著正相关（系数为 0.0758，在 5% 水平上显著）；而在信息透明度较高组，$Post \times Treat \times \ln(M/A)$ 的系数虽然仍为正数，但是在统计上不显著。采用 suest 方法进行组间差异检验，组间 $Post \times Treat \times \ln(M/A)$ 系数的差异近似在 10% 水平上显著，表明两组之间存在显著差异。列（5）和列（6）对应的被解释变量为 E/A_f3，在信息透明度较低组和信息透明度较高组，$Post \times Treat \times \ln(M/A)$ 的系数虽然都为正数，但是在统计上都不显著。研究结论可以在一定程度上说明，在信息透明度较低的样本公司，沪港通交易制度的实施更能发挥监督作用，降低上市公司之间的信息不对称程度，从而提高了股价信息含量。

表 6 – 13　　　　　　　信息透明度对基本回归模型的影响

变量	E/A_f1		E/A_f2		E/A_f3	
	信息透明度高（1）	信息透明度低（2）	信息透明度高（3）	信息透明度低（4）	信息透明度高（5）	信息透明度低（6）
$Post \times Treat \times \ln(M/A)$	0.0097 (0.46)	0.0431** (1.99)	0.0258 (0.89)	0.0758** (2.12)	0.0672 (1.26)	0.0632 (0.91)

变量	E/A_f1		E/A_f2		E/A_f3	
	信息 透明度高 （1）	信息 透明度低 （2）	信息 透明度高 （3）	信息 透明度低 （4）	信息 透明度高 （5）	信息 透明度低 （6）
$Post \times Treat$	− 0. 0105 （− 0. 69）	− 0. 0163 （− 1. 08）	− 0. 0032 （− 0. 16）	− 0. 0003 （− 0. 01）	− 0. 0053 （− 0. 12）	0. 0421 （0. 76）
$Post \times \ln(M/A)$	− 0. 0221 * （− 1. 89）	− 0. 0519 *** （− 6. 30）	− 0. 0423 *** （− 2. 63）	− 0. 0789 *** （− 5. 81）	− 0. 0672 ** （− 2. 25）	− 0. 0736 *** （− 2. 87）
$Treat \times \ln(M/A)$	− 0. 0145 （− 0. 98）	− 0. 0470 *** （− 3. 26）	− 0. 0293 （− 1. 43）	− 0. 0780 *** （− 3. 28）	− 0. 0648 ** （− 2. 13）	− 0. 0735 * （− 1. 92）
$Post$	0. 0246 ** （2. 14）	− 0. 0148 ** （− 2. 39）	0. 0022 （0. 23）	0. 0176 * （1. 73）	0. 0401 （1. 36）	− 0. 0062 （− 0. 22）
$Treat$	0. 0096 （1. 02）	0. 0217 ** （2. 33）	0. 0129 （1. 00）	0. 0329 ** （2. 15）	0. 0320 * （1. 65）	0. 0247 （0. 98）
$\ln(M/A)$	0. 0263 *** （2. 76）	0. 0690 *** （10. 03）	0. 0521 *** （4. 00）	0. 0868 *** （7. 66）	0. 0696 *** （3. 51）	0. 0813 *** （4. 34）
E/A	0. 0025 （0. 41）	− 0. 0116 ** （− 2. 16）	− 0. 0032 （− 0. 38）	− 0. 0214 ** （− 2. 42）	− 0. 0124 （− 0. 85）	− 0. 0287 * （− 1. 72）
$Size$	− 0. 0016 （− 0. 57）	− 0. 0009 （− 0. 36）	− 0. 0068 * （− 1. 70）	− 0. 0131 *** （− 3. 32）	− 0. 0200 *** （− 3. 00）	− 0. 0215 *** （− 2. 99）
Roa	0. 9240 *** （7. 79）	1. 0243 *** （11. 62）	0. 9591 *** （5. 89）	0. 9849 *** （6. 79）	1. 1052 *** （3. 93）	0. 7603 *** （2. 82）
Lev	− 0. 0116 （− 0. 74）	0. 0177 （1. 49）	− 0. 0060 （− 0. 28）	0. 0184 （0. 94）	− 0. 0328 （− 0. 91）	− 0. 0278 （− 0. 77）
$Largeshare$	0. 0160 （1. 06）	0. 0178 （1. 42）	0. 0468 ** （2. 25）	0. 0631 *** （3. 06）	0. 0670 * （1. 95）	0. 1127 *** （3. 00）
$Inderatio$	0. 0536 （1. 18）	− 0. 0571 （− 1. 49）	0. 0809 （1. 30）	− 0. 0468 （− 0. 74）	0. 0269 （0. 26）	− 0. 0333 （− 0. 29）
$Separation$	− 0. 0290 （− 1. 03）	0. 0115 （0. 48）	− 0. 0175 （− 0. 45）	0. 0208 （0. 53）	0. 0224 （0. 35）	− 0. 0055 （− 0. 08）

续表

变量	E/A_f1		E/A_f2		E/A_f3	
	信息透明度高 (1)	信息透明度低 (2)	信息透明度高 (3)	信息透明度低 (4)	信息透明度高 (5)	信息透明度低 (6)
Soe	−0.0089 * (−1.74)	−0.0118 ** (−2.52)	−0.0176 ** (−2.51)	−0.0138 * (−1.79)	−0.0281 ** (−2.39)	−0.0203 (−1.43)
Loss	0.0001 (0.01)	−0.0057 (−0.29)	−0.0017 (−0.05)	0.0166 (0.51)	−0.0206 (−0.36)	0.0478 (0.78)
Board	0.0007 (0.52)	0.0004 (0.31)	0.0029 (1.48)	0.0021 (0.95)	0.0038 (1.15)	0.0039 (0.96)
Dual	−0.0063 (−1.19)	0.0057 (1.42)	−0.0129 * (−1.75)	0.0059 (0.88)	−0.0065 (−0.52)	0.0064 (0.53)
Cash	−0.0187 (−0.91)	−0.0144 (−0.98)	−0.0191 (−0.67)	−0.0137 (−0.57)	−0.0595 (−1.27)	−0.0366 (−0.83)
常数项	−0.0123 (−0.18)	−0.0473 (−0.84)	0.0598 (0.65)	0.1372 (1.49)	0.3031 ** (1.97)	0.2979 * (1.78)
suest 检验 p 值	0.0916 *		0.1007		0.9536	
IND	控制	控制	控制	控制	控制	控制
YEAR	控制	控制	控制	控制	控制	控制
样本数	3531	5601	3527	5594	2731	4288
Adj_R^2	0.0922	0.1298	0.0667	0.0595	0.0604	0.0274

注：* 、** 、*** 分别表示在10%、5%和1%的水平上显著；括号内为t值。

二、股票流动性的影响

埃德曼（Edmans，2009）研究发现，上市公司的股票流动性越高，投资者搜集公司特质信息的单位成本就越低，导致公司特质信息不断融入股价中，股价信息含量增加。苏冬蔚和熊家财（2014）研究也发现公司的股价流动性越高，股价信息含量就越大。那么本章需要考虑的问题是：上市公司的流动性越高,"沪港通"对上市公司股价信息含量的影响是否会越显著?

本章参考阿米胡德(Amihud,2002)的做法,以 Amihud 值来衡量股票流动性,Amihud 值越大,市场非流动性越大,则表明流动性越低。表 6-14 列(1)~列(6)列示了按股票流动性高低分组回归的结果:列(1)和列(2)对应的被解释变量为 E/A_f1,在股票流动性较高组,$Post \times Treat \times \ln(M/A)$ 的系数显著正相关(系数为 0.0680,在 5% 水平上显著);而在股票流动性较低组,$Post \times Treat \times \ln(M/A)$ 的系数虽然仍为正数,但是在统计上不显著。采用 suest 方法进行组间差异检验,组间 $Post \times Treat \times \ln(M/A)$ 系数的差异在 5% 水平上显著,表明两组之间存在显著差异。列(3)和列(4)对应的被解释变量为 E/A_f2,在股票流动性较高组,$Post \times Treat \times \ln(M/A)$ 的系数显著正相关(系数为 0.0917,在 5% 水平上显著);而在股票流动性较低组,$Post \times Treat \times \ln(M/A)$ 的系数虽然仍为正数,但是在统计上不显著。采用 suest 方法进行组间差异检验,组间 $Post \times Treat \times \ln(M/A)$ 系数的差异近似在 15% 水平上显著,表明两组之间存在显著差异。列(5)和列(6)对应的被解释变量为 E/A_f3,在股票流动性较高组和股票流动性较低组,$Post \times Treat \times \ln(M/A)$ 的系数虽然都为正数,但是在统计上都不显著。此研究结论可以在一定程度上说明沪港通交易制度实施对上市公司股价信息含量的影响在股票流动性较高组更显著,表明沪港通交易制度作用的发挥在一定程度上还依赖于股价流动性水平的高低。

表 6-14　　　　　　　　　　　股票流动性对基本回归模型的影响

变量	E/A_f1		E/A_f2		E/A_f3	
	股票流动性高 (1)	股票流动性低 (2)	股票流动性高 (3)	股票流动性低 (4)	股票流动性高 (5)	股票流动性低 (6)
$Post \times Treat \times \ln(M/A)$	0.0680** (2.15)	0.0003 (0.03)	0.0917** (2.03)	0.0284 (1.27)	0.0746 (0.93)	0.0625 (1.33)
$Post \times Treat$	-0.0346 (-1.51)	0.0047 (0.65)	-0.0200 (-0.61)	0.0149 (0.96)	0.0188 (0.29)	0.0333 (0.87)

续表

变量	E/A_f1		E/A_f2		E/A_f3	
	股票流动性高（1）	股票流动性低（2）	股票流动性高（3）	股票流动性低（4）	股票流动性高（5）	股票流动性低（6）
$Post \times \ln(M/A)$	-0.0710 *** (-5.78)	-0.0118 ** (-2.27)	-0.0930 *** (-5.30)	-0.0427 *** (-3.85)	-0.0831 ** (-2.61)	-0.0768 *** (-3.45)
$Treat \times \ln(M/A)$	-0.0793 *** (-3.57)	-0.0060 (-0.84)	-0.1003 *** (-3.16)	-0.0329 ** (-2.17)	-0.0941 * (-1.95)	-0.0551 ** (-2.13)
$Post$	0.0446 *** (3.27)	-0.0142 *** (-4.03)	0.0711 *** (3.64)	0.0211 * (1.85)	0.0543 (1.53)	-0.0148 (-0.65)
$Treat$	0.0432 *** (3.00)	0.0013 (0.29)	0.0534 *** (2.60)	0.0072 (0.75)	0.0508 (1.62)	0.0149 (0.89)
$\ln(M/A)$	0.0718 *** (6.88)	0.0364 *** (8.60)	0.0832 *** (5.58)	0.0642 *** (7.12)	0.0511 ** (2.21)	0.0943 *** (5.95)
E/A	-0.0101 (-1.32)	0.0002 (0.06)	-0.0152 (-1.39)	-0.0062 (-0.96)	-0.0134 (-0.69)	-0.0202 (-1.58)
$Size$	-0.0073 * (-1.79)	0.0010 (0.74)	-0.0228 *** (-3.89)	-0.0064 ** (-2.29)	-0.0396 *** (-3.97)	-0.0137 ** (-2.54)
Roa	0.9935 *** (7.04)	0.9403 *** (18.79)	0.7722 *** (3.83)	1.0005 *** (9.40)	0.4222 (1.21)	0.9871 *** (4.69)
Lev	0.0093 (0.53)	0.0160 ** (2.18)	0.0043 (0.17)	0.0362 ** (2.31)	-0.0712 * (-1.65)	0.0361 (1.19)
$Largeshare$	0.0400 ** (2.01)	-0.0104 (-1.47)	0.0806 *** (2.83)	0.0187 (1.24)	0.1164 ** (2.40)	0.0499 * (1.73)
$Inderatio$	-0.0318 (-0.58)	0.0083 (0.38)	-0.0253 (-0.32)	0.0300 (0.64)	-0.0505 (-0.37)	-0.0005 (-0.01)
$Separation$	-0.0243 (-0.67)	0.0026 (0.20)	-0.0183 (-0.36)	0.0131 (0.47)	-0.0335 (-0.38)	0.0447 (0.83)

续表

变量	E/A_f1		E/A_f2		E/A_f3	
	股票流动性高 (1)	股票流动性低 (2)	股票流动性高 (3)	股票流动性低 (4)	股票流动性高 (5)	股票流动性低 (6)
Soe	-0.0097 (-1.53)	-0.0106 *** (-3.95)	-0.0143 (-1.57)	-0.0166 *** (-2.91)	-0.0262 * (-1.67)	-0.0248 ** (-2.26)
Loss	-0.0135 (-0.52)	0.0155 (1.11)	-0.0089 (-0.24)	0.0478 (1.62)	-0.0107 (-0.16)	0.1004 * (1.80)
Board	0.0011 (0.61)	0.0002 (0.30)	0.0049 * (1.80)	0.0002 (0.15)	0.0063 (1.37)	0.0008 (0.26)
Dual	0.0001 (0.01)	0.0025 (0.98)	-0.0037 (-0.44)	0.0025 (0.46)	-0.0086 (-0.59)	0.0136 (1.32)
Cash	-0.0511 ** (-2.30)	0.0184 ** (2.04)	-0.0384 (-1.21)	0.0070 (0.36)	-0.1302 ** (-2.42)	0.0426 (1.15)
常数项	0.0839 (0.89)	-0.0658 ** (-2.11)	0.3589 *** (2.66)	0.0545 (0.82)	0.7776 *** (3.38)	0.1488 (1.18)
suest 检验 p 值	0.0484 **		0.1258		0.8865	
IND	控制	控制	控制	控制	控制	控制
YEAR	控制	控制	控制	控制	控制	控制
样本数	4536	4596	4533	4588	3492	3527
Adj_R^2	0.0556	0.3568	0.0322	0.1296	0.0359	0.0822

注：*、**、***分别表示在10%、5%和1%的水平上显著；括号内为 t 值。

第六节　本章小结

与以往多数研究采用股价同步性作为股价信息含量的度量指标不同，本章借鉴卡佩尔奇克等（Kacperczyk et al.，2018）和刘贝贝（2019）的方法，采用"公司未来预测的现金流和当前股票价格的变化"这个指标来度量公司的股价信息含量。利用双重差分模型首先检验了股价信息含量的存在性，在此基础上基于股价信息含量视角探讨了沪港通交易制度实施的整体信息效应。

在控制了可能的影响因素，使用 PSM + DID、安慰剂检验以及变换度量指标一系列稳健性检验后，实证结果发现：第一，沪股通标的股票的股价存在信息含量；沪港通交易制度的实施不仅显著提高了上市公司短期（一年）的股价信息含量，还显著提高了上市公司较长期（两年和三年）的股价信息含量。第二，从信息不透明度和股票流动性等方面进行拓展性检验，研究发现在信息透明度低和股票流动性高的上市公司中，沪港通交易制度的实施更能显著提高上市公司的股价信息含量。

本章基于股价信息含量视角探讨沪港通交易制度实施的整体信息治理效应，研究结论表明沪港通交易制度的实施可以有效改善公司的信息治理环境，证明了沪港通交易制度的确存在信息治理效应。

第七章

研究结论与政策启示

本章对以上章节的研究内容进行梳理，归纳概括出本书的主要研究结论；联系我国资本市场的发展实际，得出相应的政策性启示；在此基础上，提出了未来可能的研究方向。

一、研究结论

资本市场的开放一直以来都是一个热门研究话题，自 20 世纪 80 年代以来，中国的资本市场经历了一个逐步开放的过程，从合格境外机构投资者制度（QFII）、合格境内机构投资者制度（QDII）到人民币合格境外投资者制度（RQFII），再到本书研究的主体"沪港通"甚至"深港通"交易制度的实施。市场交易制度逐步开放，层层推进，不仅是深化资本市场对外开放政策的深刻体现，也是进一步提高金融市场开放水平的客观要求。刘贝贝（2019）已从 QFII 视角验证了 QFII

持股对上市公司的信息治理效应，李志生等（2018）从融资融券视角验证了卖空机制对上市公司的信息治理效应，本书则以沪港通交易制度的实施为研究背景，采用2012～2016年沪深A股上市公司数据，探讨了沪港通交易制度的信息治理效应。采用香农（Shannon）信息论作为研究思路，本书首先基于管理层业绩预告视角探讨了沪港通交易制度的内部信息治理效应，然后基于分析师行为视角探讨了沪港通交易制度实施的外部信息治理效应，最后以股价信息含量为视角探讨了沪港通交易制度的整体信息治理效应。本书研究也为后续的"深港通"和"伦港通"等交易制度的持续开放提供一些有益的启示，从而提高资本市场资源配置效率。具体研究结论如下：

（一）沪港通交易制度的实施显著提高了管理层业绩预告质量

本书第四章探讨了沪港通交易制度的实施对管理层业绩预告质量的影响。在控制了可能的影响因素后，本书发现沪港通交易制度的实施显著提高了沪股通标的上市公司的管理层业绩预告质量，降低了上市公司与外界的信息不对称程度。在此基础上，本书探讨背后的影响机理，发现机构投资者持股比例的提高和管理者能力的提高是沪港通交易制度影响管理层业绩预告质量的中介变量。此外，本书还从上市公司自身、管理层自身以及外部环境方面研究沪港通交易制度对管理层业绩预告质量的影响是否存在异质性，研究发现沪港通交易制度对管理层业绩预告质量的影响在国有企业、管理层权力强度较大以及环境不确定程度较高的上市公司中更为明显。为了控制可能的内生性问题，本书采用PSM + DID、安慰剂检验、更换度量指标等进行稳健性检验，研究结论仍然保持不变。

（二）沪港通交易制度的实施显著增加了分析师的关注度，但是也显著提高了分析师的乐观性偏差

本书第五章探讨了沪港通交易制度实施对分析师行为的影响。本书的分析师行为包含分析师关注度和分析师乐观性偏差两部分。在控制了可能的影响因素后，本书发现沪港通交易制度的实施显著提高了分析师对沪股通标的上市公司的关注度，但是也显著提高了沪股通标的上市公司的分析

师乐观性偏差。针对分析师关注度越高反而提高了分析师乐观性偏差这个问题，本书进行了深层次的探讨，认为这可能是由于分析师收集和披露的信息并非公司层面特有信息的缘故。同时，本书还基于分析师面临来自机构投资者的佣金压力，探讨了沪港通交易制度影响分析师乐观性偏差的机制，而且从分析师对沪股通标的股票发布乐观盈利预测是否会增加相应股票的换手率反向验证了分析师乐观性偏差产生的客观原因；结合第四章的研究结论，本书还发现管理层业绩预告质量的提高能够抑制沪港通交易制度对分析师乐观性偏差的促进作用。进一步发现在被国际"四大"会计师事务所审计的上市公司，沪港通交易制度对分析师乐观性偏差的促进作用在一定程度得到了缓解。为了控制可能的内生性问题，本书采用 PSM + DID、安慰剂检验、更换度量指标等进行稳健性检验，研究结论仍然保持不变。

(三) 沪港通交易制度的实施显著提高了上市公司的股价信息含量

本书第六章首先构建传统的股价——市场反应线性模型验证了股价信息含量的存在性，在此基础上，探讨了沪港通交易制度对上市公司股价信息含量的影响。在控制可能的影响因素之后，本书发现沪股通标的股票的确存在信息含量，而且沪港通交易制度的实施不仅显著提高了沪股通标的上市公司短期（一年）的股价信息含量，还显著提高了沪股通标的上市公司较长期（两年和三年）的股价信息含量。进一步发现沪港通交易制度的实施对沪股通标的上市公司股价信息含量的影响在信息透明度较低和股票流动性较高的公司更加显著。为了控制可能的内生性问题，本书采用 PSM + DID、安慰剂检验、更换度量指标等进行稳健性检验，研究结论仍然保持不变。

二、政策启示

作为我国资本市场交易制度的一项重大创新，沪港通交易制度虽然仅实施数年，但在促进股票价值回归方面已呈现出明显的作用。不仅促进资金在沪港两地自由流动，而且通过引入香港相对成熟的机构投资者和先进的投资理念，倒逼内地股票市场在制度建设、投资者保护以及市场监管水平等诸多方面进行改革，提高了国内资本市场的配置效率。本书的研究结论为资本市场对外开放的信息治理效应提供了微观角度的实证证据，具有重要的理论价值与实践意义，并得出一些有益的政策启示：

（一）坚持审慎、渐进、可控、有序的资本市场对外开放原则

资本市场自有其运行规律，中国不应盲目效仿其他推行资本市场对外开放的国家，而是要立足中国实际，按资本市场规律办事。通过上述分析，我们可以发现对正处于资本市场对外开放战略机遇期的中国而言，资本市场对外开放是一把"双刃剑"，在优化国内治理机制、提高资本市场配置效率的同时，也可能给国内金融体系带来不稳定，增大资本市场的波动风险。为此，我国应不断探索和实践宏观审慎监管政策，坚持审慎、渐进、可控、有序的资本市场对外开放原则，采用部分试点的开放机制，不仅能够准确地观察资本市场对外开放的微观影响，还能够提高内地股市对信息的反应和吸收能力，使股价能够较为准确地反映其价值。同时要建立健全有效的风险预警防范体系，加强金融监管，使资本市场的波动风险处于可控范围内，促进我国资本市场长期稳定有序发展。

（二）持续加大资本市场对外开放力度

在沪港通交易制度取得一定成功经验的基础上，我国应继续从多层次多角度加大资本市场对外开放的广度和深度。一方面，进一步拓宽互联互通市场交易的范围，目前已启动的沪伦通交易制度主要引入英国投资者，未来可以与纽约、新加坡等更多的成熟证券市场建立互联互通交易机制，推进"深港通""债券通"等交易制度改革工作，在条件成熟的商品期货品种中引入境外交易者，借此丰富境外投资者进入境内 A 股市场的投资渠道，深化境内外资本市场的一体化程度。另一方面，对"沪港通""深港通"等交易制度进一步扩容，持续稳步扩大互联互通标的股票范围，提升每日交易额度，并降低投资者的准入门槛，提高沪港通交易制度对投资者的吸引力。

（三）加快国内资本市场制度改革，加强国际之间合作

沪港通交易制度实施以来，交易的活跃程度远远没有达到预期。但建立一个成熟开放的资本市场不是一蹴而就的过程，我国政府更应该以此为契机，通过引入不同类型的境外投资者，倒逼境内制度环境建设，优化内地投资者结构，从而提高境内制度环境与资本市场对外开放进程的匹配程度。除此之外，随着全球一体化程度的加快，国家之间合作加深。我国政府应以"一带一路"建设等为契机，探索我国资本市场与国际资本市场的合作模式，加强与沿线国家间在某些领域的合作，发掘各国比较优势，增强共同抵御国际资本流动引致的经济波动，分享一体化的收益，从而实现共同快速发展。总之，把"引进来"和"走出去"更好地结合起来，最大限度发挥资本市场开放的市场功能，提高我国资本市场的配置效率。

（四）监管层应完善相关法律法规，努力提高资本市场监管水平

一方面，监管层应着力不断完善相关法律法规，提高监管水平，保证资本市场各项功能的正常运行。进一步，监管层应实现监管框架和理念的国际化，加强与香港证券市场监管机构的进一步合作，学习其较成熟的监管制度。另一方面，完善保护境外投资者的制度，提高境内市场对境外投资者的吸引力；与此同时，也需要加强对境外投资者的监管。有效识别国际投机者，完善国际投机活动的应对措施，促进资本市场的稳定发展。

（五）上市公司应不断规范和完善信息披露制度

好的信息披露制度可以有效降低市场参与者收集公司信息的成本，有助于鼓励投资者提高持股水平，而且能够提高分析师的预测准确度，提高上市公司股价信息含量。为此，监管层应加强对上市公司信息披露的监管，制定详细的信息披露指引，进一步提高上市公司管理层业绩预告的准确性，从而完善资本市场的信息环境，帮助投资者做出更有效的决策。

（六）加强对分析师的引导、监督与培育

作为资本市场重要的信息中介，证券分析师通过对信息进行解读、整合并传递，能够及时和客观地将这些特定信息反映在股价中，提高资本市场信息效率。但是由于我国分析师行业发展时间相对较短，且受制于各种利益冲突，分析师的独立中介地位已受到严重的干扰，向市场传递信息时存在着严重的乐观性偏差，而沪港通交易制度的实施并没有发挥相应的治理效应。针对分析师的预测偏差行为，首先，要提高上市公司的信息披露质量和透明度，降低分析师获取信息的成本；其次，要提高分析师自身客观和独立的职业素养，加强对信息中介市场的培育，尤其是加强证券分析师廉洁从业建设，从多方面对分析师进行引导；最后，要有效发挥机构投资者和监管机构的监督作用，使分析师能够及时、客观地向市场提供上市公司的基本信息，从而提高资本市场的信息效率。总之，促进证券研究业务专业化发展任重而道远，还需要监管部门和整个社会的共同努力。

三、未来研究方向

第一，本书根据香农（Shannon）的信息论，沿着资本市场信息传递的过程，分别从管理层业绩预告、分析师行为以及股价信息含量三个方面探讨了沪港通交易制度对上市公司的内部信息治理效应、外部信息治理效应以及整体信息治理效应。虽然形成了一个比较完整的逻辑链条，但是相对整个上市公司信息治理效应来讲，仍然存在较大的研究空间。未来可以拓宽这一领域的研究范围：在信息发布者角度，可以考虑沪港通交易制度对董秘、大股东等的影响；在信息中介方面，可以考虑沪港通交易制度对新闻媒体、审计师等的影响。除此之外，还可以考虑制度环境、国际形势等内外部因素对研究结论的影响，以期拓宽我们的研究范围，得出相对更可靠的结论。

第二，本书在探讨沪港通交易制度影响管理层业绩预告的机制时，选择机构投资者持股比例作为影响机制之一。依据本书的研究内容，更应该选择境外机构投资者的持股比例，但是境外机构投资者的数据暂时无法获取，在

一定程度上限制了本书研究结果的准确性。

第三，本书只是考虑沪港通交易制度的实施与否对上市公司的信息治理效应研究，并没有针对沪港通交易制度本身，探讨"沪港通"的交易额、余额、交易波动等数量化指标对上市公司信息治理效应的影响。未来可以从这一方面继续进行深入研究，拓宽沪港通交易制度的研究深度。

第四，本书的样本期间为 2012～2016 年，深港通交易制度于 2016 年 12 月已经开通，沪伦通交易制度于 2019 年开通。本书目前只是考虑沪港通交易制度实施的信息治理效应，并没有考虑与之类似的深港通、沪伦通交易制度实施的信息治理效应，也没有探讨与之区别较大的纳入 MSCI 指数等的信息治理效应。未来都可以将这些交易制度考虑进来一并进行研究，从而拓宽我国资本市场对外开放交易制度的研究广度。

参考文献

[1] 陈国进，杨翱，赵向琴．不同资本账户开放程度下的中国财政货币政策效果分析 [J]．数量经济技术经济研究，2018，35（3）：96－113．

[2] 陈梦根，毛小元．股价信息含量与市场交易活跃程度 [J]．金融研究，2007（3）：125－139．

[3] 陈胜蓝，马慧．贷款可获得性与公司商业信用：中国利率市场化改革的准自然实验证据 [J]．管理世界，2018，34（11）：108－120，149．

[4] 陈雨露，罗煜．金融开放与经济增长：一个述评 [J]．管理世界，2007（4）：138－147．

[5] 陈运森，黄健峤，韩慧云．股票市场开放提高现金股利水平了吗?：基于"沪港通"的准自然实验 [J]．会计研究，2019（3）：55－62．

[6] 陈运森，黄健峤．股票市场开放与企业投资效率：基于"沪港通"的准自然实验 [J]．金融研究，2019（8）：151－170．

[7] 陈中飞，王曦．资本账户子项目开放的经济增长效应及中国应用 [J]．管理世界，2019，35（1）：97－114，227．

[8] 程惠芳，朱一鸣，潘奇，姚遥．中国的资本账户开放、汇率制度改革与货币危机风险 [J]．国际贸易问题，2016（11）：165－176．

[9] 褚剑，秦璇，方军雄．中国式融资融券制度安排与分析师盈利预测乐观性偏差 [J]．管理世界，2019，35（1）：151－166，228．

[10] 董望，陈俊，陈汉文．内部控制质量影响了分析师行为吗?：来自中国证券市场的经验证据 [J]．金融研究，2017（12）：191－206．

[11] 董秀良，张婷，关云鹏. 沪港通制度改善了我国股票市场定价效率吗？
[J]. 上海财经大学学报，2018，20（4）：78 – 92.

[12] 方艳，贺学会，刘凌，曹亚晖. "沪港通"实现了我国资本市场国际化
的初衷吗？：基于多重结构断点和 t-Copula-aDCC-GARCH 模型的实证分
析 [J]. 国际金融研究，2016（11）：76 – 86.

[13] 冯永琦，段晓航. "沪港通"对沪港股市联动效应的影响 [J]. 经济体
制改革，2016（2）：143 – 147.

[14] 高开娟. 股票市场开放、盈余管理及资本配置效率研究 [D]. 武汉：
中南财经政法大学，2017.

[15] 顾乃康，陈辉. 股票流动性、股价信息含量与企业投资决策 [J]. 管理
科学，2010（2）：88 – 97.

[16] 郭阳生，沈烈，郭枚香. 沪港通改善了上市公司信息环境吗？：基于分
析师关注度的视角 [J]. 证券市场导报，2018（10）：35 – 43，50.

[17] 洪剑峭，皮建屏. 预警制度的实证研究：一项来自中国股市的证据
[J]. 证券市场导报，2002（9）：4 – 14.

[18] 华鸣，孙谦. 外国投资者降低了新兴市场股价崩盘风险吗：来自"沪
港通"的经验证据 [J]. 当代财经，2018（1）：57 – 67.

[19] 黄均华. 资本账户开放对货币市场稳定性的影响：基于 PSTR 模型的全
球比较证据 [J]. 世界经济研究，2017（2）：3 – 11，135.

[20] 黄俊，郭照蕊. 新闻媒体报道与资本市场定价效率：基于股价同步性
的分析 [J]. 管理世界，2014（5）：121 – 130.

[21] 黄俊，黄超，位豪强，王敏. 卖空机制提高了分析师盈余预测质量吗：
基于融资融券制度的经验证据 [J]. 南开管理评论，2018，21（2）：
135 – 148.

[22] 黄志刚，郭桂霞. 资本账户开放与利率市场化次序对宏观经济稳定性
的影响 [J]. 世界经济，2016，39（9）：3 – 27.

[23] 纪彰波，臧日宏. 资本市场开放能够提高股票价格稳定性吗？：基于沪
港通的经验证据 [J]. 世界经济研究，2019（5）：14 – 26，52，134.

[24] 姜付秀，石贝贝，马云飙. 董秘财务经历与盈余信息含量 [J]. 管理世

界，2016（9）：161-173.

[25] 姜付秀，张敏，陆正飞，陈才东. 管理者过度自信、企业扩张与财务困境 [J]. 经济研究，2009，44（1）：131-143.

[26] 雷光勇，张英，刘茉. 投资者认知、审计质量与公司价值 [J]. 审计与经济研究，2015，30（1）：17-25.

[27] 雷文妮，金莹. 资本账户开放与经济增长：基于跨国面板数据的研究 [J]. 国际金融研究，2017（1）：59-67.

[28] 李秉成，郑珊珊. 管理者能力能够提高资本市场信息效率吗？：基于股价同步性的分析 [J]. 审计与经济研究，2019，34（3）：80-90.

[29] 李春涛，刘贝贝，周鹏，张璇. 它山之石：QFII 与上市公司信息披露 [J]. 金融研究，2018（12）：138-156.

[30] 李丹，袁淳，廖冠民. 卖空机制与分析师乐观性偏差：基于双重差分模型的检验 [J]. 会计研究，2016（9）：25-31.

[31] 李科，徐龙炳，朱伟骅. 卖空限制与股票错误定价：融资融券制度的证据 [J]. 经济研究，2014，49（10）：165-178.

[32] 李蕾，韩立岩. 价值投资还是价值创造？：基于境内外机构投资者比较的经验研究 [J]. 经济学（季刊），2014，13（1）：351-372.

[33] 李丽玲，王曦. 资本账户开放、汇率波动与经济增长：国际经验与启示 [J]. 国际金融研究，2016（11）：24-35.

[34] 李沁洋，桂亚玲，杨敏，郭景昕. 沪港通与分析师预测乐观性偏差 [J]. 科学决策，2018（3）：16-42.

[35] 李沁洋，许年行. 资本市场对外开放与股价崩盘风险：来自沪港通的证据 [J]. 管理科学学报，2019，22（8）：108-126.

[36] 李志生，李好，马伟力，林秉旋. 融资融券交易的信息治理效应 [J]. 经济研究，2017，52（11）：150-164.

[37] 连立帅，朱松，陈关亭. 资本市场开放、非财务信息定价与企业投资：基于沪深港通交易制度的经验证据 [J]. 管理世界，2019，35（8）：136-154.

[38] 林忠国，韩立岩，李伟. 股价波动非同步性：信息还是噪音？[J]. 管

理科学学报，2012，15（6）：68 - 81.

[39] 刘贝贝. QFII 持股的信息治理效应研究 [D]. 武汉：中南财经政法大学，2019.

[40] 刘峰，谢斌，黄宇明. 规模与审计质量：店大欺客与客大欺店?：基于香港市场大陆上市公司的经验数据 [J]. 审计研究，2009（3）：45 - 54.

[41] 刘海飞，柏巍，李冬昕，许金涛. 沪港通交易制度能提升中国股票市场稳定性吗?：基于复杂网络的视角 [J]. 管理科学学报，2018，21（1）：97 - 110.

[42] 刘京军，徐浩萍. 机构投资者：长期投资者还是短期机会主义者? [J]. 金融研究，2012（9）：141 - 154.

[43] 刘少波，杨竹清. 资本市场开放及金融自由化的经济后果研究述评 [J]. 经济学动态，2012（5）：137 - 145.

[44] 陆瑶，沈小力. 股票价格的信息含量与盈余管理：基于中国股市的实证分析 [J]. 金融研究，2011（12）：131 - 146.

[45] 陆瑶，朱玉杰，胡晓元. 机构投资者持股与上市公司违规行为的实证研究 [J]. 南开管理评论，2012，15（1）：13 - 23.

[46] 罗棪心，伍利娜. 资本市场开放对公司审计的影响：基于"陆港通"背景的实证研究 [J]. 审计研究，2018（5）：65 - 73.

[47] 罗子嫄，靳玉英. 资本账户开放对企业融资约束的影响及其作用机制研究 [J]. 财经研究，2018，44（8）：101 - 113.

[48] 毛新述，王斌，林长泉，王楠. 信息发布者与资本市场效率 [J]. 经济研究，2013，48（10）：69 - 81.

[49] 梅冬州，王思卿，雷文妮. 资本账户开放会扩大收入不平等吗?：基于跨国面板数据的研究 [J]. 国际金融研究，2019（4）：45 - 54.

[50] 牛建波，吴超，李胜楠. 机构投资者类型、股权特征和自愿性信息披露 [J]. 管理评论，2013，25（3）：48 - 59.

[51] 潘慧峰，刘曦彤，周轩宇. 资本市场对外开放促使价值投资回归了吗?：来自沪港通的证据 [J]. 国际金融研究，2018（11）：77 - 86.

[52] 彭红枫，朱怡哲. 资本账户开放、金融稳定与经济增长 [J]. 国际金融研究，2019（2）：3 – 12.

[53] 师倩，姚秋歌. 沪港通与公司融资约束：基于双重差分模型的实证研究 [J]. 财务研究，2018（2）：62 – 72.

[54] 石凡，陆正飞，张然. 引入境外战略投资者是否提升了公司价值：来自 H 股公司的经验证据 [J]. 经济学（季刊），2009，8（1）：231 – 248.

[55] 史永，张龙平. XBRL 财务报告实施效果研究：基于股价同步性的视角 [J]. 会计研究，2014（3）：3 – 10，95.

[56] 史永东，王谨乐. 中国机构投资者真的稳定市场了吗？[J]. 经济研究，2014，49（12）：100 – 112.

[57] 苏冬蔚，熊家财. 股票流动性、股价信息含量与 CEO 薪酬契约 [J]. 经济研究，2013，48（11）：56 – 70.

[58] 孙俊，于津平. 资本账户开放路径与经济波动：基于动态随机一般均衡模型的福利分析 [J]. 金融研究，2014（5）：48 – 64.

[59] 谭小芬，刘汉翔，曹倩倩. 资本账户开放是否降低了 AH 股的溢价？：基于沪港通开通前后 AH 股面板数据的实证研究 [J]. 中国软科学，2017（11）：39 – 53.

[60] 谭跃，钟子英，管总平. 公平信息披露规则能缓解证券分析师的利益冲突吗 [J]. 南开管理评论，2013，16（4）：43 – 54.

[61] 唐松，胡威，孙铮. 政治关系、制度环境与股票价格的信息含量：来自我国民营上市公司股价同步性的经验证据 [J]. 金融研究，2011（7）：182 – 195.

[62] 王春峰，李思成，房振明. 投资者认知度、信息不对称与股价延迟 [J]. 管理评论，2018，30（11）：3 – 13.

[63] 王明伟，张琳，孙文晶. 投资者关注与分析师预测精度 [J]. 中国经济问题，2017（2）：80 – 92.

[64] 王攀娜，罗宏. 放松卖空管制对分析师预测行为的影响：来自中国准自然实验的证据 [J]. 金融研究，2017（11）：191 – 206.

[65] 王鹏, 吴金宴. 基于协高阶矩视角的沪港股市风险传染分析 [J]. 管理科学学报, 2018, 21 (6): 29 - 42.

[66] 王庶, 岳希明. 退耕还林、非农就业与农民增收: 基于21省面板数据的双重差分分析 [J]. 经济研究, 2017, 52 (4): 106 - 119.

[67] 王子博. 国际资本流动冲击有利于经济增长吗 [J]. 统计研究, 2015, 32 (7): 24 - 31.

[68] 温忠麟, 张雷, 侯杰泰, 刘红云. 中介效应检验程序及其应用 [J]. 心理学报, 2004 (5): 614 - 620.

[69] 吴超鹏, 郑方镳, 杨世杰. 证券分析师的盈余预测和股票评级是否具有独立性? [J]. 经济学 (季刊), 2013, 12 (3): 935 - 958.

[70] 伍燕然, 江婕, 谢楠, 王凯. 公司治理、信息披露、投资者情绪与分析师盈利预测偏差 [J]. 世界经济, 2016, 39 (2): 100 - 119.

[71] 伍燕然, 潘可, 胡松明, 江婕. 行业分析师盈利预测偏差的新解释 [J]. 经济研究, 2012, 47 (4): 149 - 160.

[72] 辛清泉, 王兵. 交叉上市、国际四大与会计盈余质量 [J]. 经济科学, 2010 (4): 96 - 110.

[73] 熊衍飞, 陆军, 陈郑. 资本账户开放与宏观经济波动 [J]. 经济学 (季刊), 2015, 14 (4): 1255 - 1276.

[74] 徐晓光, 廖文欣, 郑尊信. 沪港通背景下行业间波动溢出效应及形成机理 [J]. 数量经济技术经济研究, 2017, 34 (3): 112 - 127.

[75] 徐欣, 唐清泉. R&D投资、知识存量与专利产出: 基于专利产出类型和企业最终控制人视角的分析 [J]. 经济管理, 2012, 34 (7): 49 - 59.

[76] 许年行, 江轩宇, 伊志宏, 徐信忠. 分析师利益冲突、乐观性偏差与股价崩盘风险 [J]. 经济研究, 2012, 47 (7): 127 - 140.

[77] 杨德明, 赵璨. 国有企业高管为什么会滋生隐性腐败? [J]. 经济管理, 2014, 36 (10): 64 - 74.

[78] 杨小海, 刘红忠, 王弟海. 中国应加速推进资本账户开放吗?: 基于DSGE的政策模拟研究 [J]. 经济研究, 2017, 52 (8): 49 - 64.

[79] 伊志宏, 李颖, 江轩宇. 女性分析师关注与股价同步性 [J]. 金融研究, 2015 (11): 175 – 189.

[80] 游家兴, 张俊生, 江伟. 制度建设、公司特质信息与股价波动的同步性: 基于 R^2 研究的视角 [J]. 经济学 (季刊), 2007 (1): 189 – 206.

[81] 游宇, 黄宗晔. 资本管制对融资结构和经济增长的影响 [J]. 金融研究, 2016 (10): 32 – 47.

[82] 喻海燕, 范晨晨. 资本账户开放、制度质量与资本外逃: 基于 "金砖五国" 的研究 [J]. 国际金融研究, 2018 (10): 45 – 54.

[83] 袁知柱, 鞠晓峰. 股价信息含量测度方法、决定因素及经济后果研究综述 [J]. 管理评论, 2009, 21 (4): 42 – 52.

[84] 袁知柱, 鞠晓峰. 中国上市公司会计信息质量与股价信息含量关系实证检验 [J]. 中国管理科学, 2008, 16 (S1): 231 – 234.

[85] 张斌, 王跃堂. 业务复杂度、独立董事行业专长与股价同步性 [J]. 会计研究, 2014 (7): 36 – 42, 96.

[86] 张立民, 彭雯, 钟凯. "沪港通" 开通提升了审计独立性吗?: 基于持续经营审计意见的分析 [J]. 审计与经济研究, 2018, 33 (5): 35 – 45.

[87] 张娆, 薛翰玉, 赵健宏. 管理层自利、外部监督与盈利预测偏差 [J]. 会计研究, 2017 (1): 32 – 38, 95.

[88] 张婷. 沪港通制度实施的经济效果研究 [D]. 长春: 吉林大学, 2018.

[89] 赵良玉, 李增泉, 刘军霞. 管理层偏好、投资评级乐观性与私有信息获取 [J]. 管理世界, 2013 (4): 33 – 45, 47, 46, 187 – 188.

[90] 赵茜. 资本账户开放、汇率市场化改革与外汇市场风险: 基于外汇市场压力视角的理论与实证研究 [J]. 国际金融研究, 2018 (7): 86 – 96.

[91] 郑珊珊. 管理层权力强度、内外部监督与股价崩盘风险 [J]. 广东财经大学学报, 2019, 34 (4): 72 – 86.

[92] 郑珊珊. 管理者能力与分析师乐观性偏差 [J]. 现代财经 (天津财经大学学报), 2019, 39 (12): 97 – 110.

[93] 郑珊珊. 沪港通交易制度的信息治理效应研究 [D]. 武汉: 中南财经政法大学, 2020.

[94] 智琨，傅虹桥. 不同类型资本账户开放与经济增长：来自中低收入国家的证据 [J]. 经济评论，2017 (4)：73 – 89.

[95] 钟凯，孙昌玲，王永妍，王化成. 资本市场对外开放与股价异质性波动：来自"沪港通"的经验证据 [J]. 金融研究，2018 (7)：174 – 192.

[96] 钟覃琳，陆正飞. 资本市场开放能提高股价信息含量吗?：基于"沪港通"效应的实证检验 [J]. 管理世界，2018，34 (1)：169 – 179.

[97] 周冬华，方瑄，黄文德. 境外投资者与高质量审计需求：来自沪港通政策实施的证据 [J]. 审计研究，2018 (6)：56 – 64.

[98] 周林洁. 公司治理、机构持股与股价同步性 [J]. 金融研究，2014 (8)：146 – 161.

[99] 周美华，林斌，林东杰. 管理层权力、内部控制与腐败治理 [J]. 会计研究，2016 (3)：56 – 63，96.

[100] 朱红军，何贤杰，陶林. 中国的证券分析师能够提高资本市场的效率吗? [J]. 金融研究，2007 (2)：110 – 121.

[101] 朱卫东，王丽娜，沈洁. 机构投资者持股压力下证券分析师乐观倾向研究 [J]. 中国管理科学，2016，24 (8)：45 – 52.

[102] 邹洋，张瑞君，孟庆斌，侯德帅. 资本市场开放能抑制上市公司违规吗?：来自"沪港通"的经验证据 [J]. 中国软科学，2019 (8)：120 – 134.

[103] Abarbanell J, Lehavy R. Can Stock Recommendations Predict Earnings Management and Analysts' Earnings Forecast Errors? [J]. Journal of Accounting Research, 2003, 41 (1)：1 – 31.

[104] Aggarwal R, Erel I, Ferreira M, et al. Does Governance Travel Around the World? Evidence from Institutional Investors [J]. Journal of Financial Economics, 2011, 100 (1)：154 – 181.

[105] Altschuler D, Chen G, Zhou J. Anticipation of Management Forecasts and Analysts' Private Information Search [J]. Review of Accounting Studies, 2015, 20 (2)：803 – 838.

[106] Bae K H, Bailey W, Mao C X. Stock Market Liberalization and the Information Environment [J]. Journal of International Money and Finance, 2006, 25 (3): 404 – 428.

[107] Bae K H, Goyal V K. Equity Market Liberalizations and Corporate Governance [J]. Journal of Corporate Finance, 2010, 16 (5): 609 – 621.

[108] Bai J, Philippon T, Savov A. Have Financial Markets Become More Informative? [J]. Journal of Financial Economics, 2016, 122: 625 – 654.

[109] Baik B, Farber D B, Lee S. CEO Ability and Management Earnings Forecasts [J]. Contemporary Accounting Research, 2011, 28 (5): 1645 – 1668.

[110] Balakrishnan K, Billings M, Kelly B, Ljungqvist A. Shaping Liquidity: On the Causal Effects of Voluntary Disclosure [J]. Journal of Finance, 2014, 69 (5): 2237 – 2278.

[111] Bebchuk L A, Fried J M. Executive Compensation as an Agency Problem [J]. Social Science Electronic Publishing, 2003, 17 (3): 71 – 92.

[112] Bena J, Ferreira M A, Matos P. Are Foreign Investors Locusts? The Long-Term Effects of Foreign Institutional Ownership [J]. Journal of Financial Economics, 2017, 126: 126 – 146.

[113] Beyer A, Cohen D A, Lys T Z, et al. The Financial Reporting Environment: Review of the Recent Literature [J]. Journal of Accounting and Economics, 2010, 50 (2 – 3): 296 – 343.

[114] Boone A L, White J T. The Effect of Institutional Ownership on Firm Transparency and Information Production [J]. Journal of Financial Economics, 2015, 117 (3): 508 – 533.

[115] Botosan C A, Stanford M H. Managers' Motives to Withhold Segment Disclosures and the Effect of SFAS No. 131 on Analysts' Information Environment [J]. The Accounting Review, 2005, 80 (3): 751 – 771.

[116] Bushman R M, Piotroski J D, Smith A J. What Determines Corporate Transparency? [J]. Journal of Accounting Research, 2004, 42 (2):

207 - 252.

[117] Byard D, Shaw K W. Corporate Disclosure Quality and Properties of Analysts' Information Environment [J]. Journal of Accounting, Auditing and Finance, 2003, 18 (3): 355 - 378.

[118] Chang C. Herding and the Role of Foreign Institutions in Emerging Equity Markets [J]. Pacific-Basin Finance Journal, 2010, 18 (2): 176 - 185.

[119] Chang E C, Luo Y, Ren J. Short-selling, Margin-trading, and Price Efficiency: Evidence from the Chinese Market [J]. Journal of Banking & Finance, 2014, 48: 411 - 424.

[120] Chang T Z, Chen S J, Gu H M, Jiang A J. A Market Volatility Analysis of the Shanghai-Hong Kong Stock Connect Program [J]. International Journal of Business and Economics, 2018, 17 (2): 113 - 121.

[121] Chan K, Hameed A, Kang W. Stock Price Synchronicity and Liquidity [J]. Journal of Financial Markets, 2013, 16 (3): 414 - 438.

[122] Chan K, Hameed A. Stock Price Synchronicity and Analyst Coverage in Emerging Markets [J]. Journal of Financial Economics, 2006, 80 (1): 115 - 147.

[123] Chen Q, Goldstein I, Jiang W. Price Informativeness and Investment Sensitivity to Stock Price [J]. Review of Financial Studies, 2007, 20 (3): 619 - 650.

[124] Chen X, Harford J, Li K. Monitoring: Which Institutions Matter? [J]. Journal of Financial Economics, 2007, 86 (2): 279 - 305.

[125] Choe H, Kho B, Stulz R M. Do Domestic Investors Have an Edge? The Trading Experience of Foreign Investors in Korea [J]. The Review of Financial Studies, 2005, 18 (3): 795 - 829.

[126] Chung C Y, Kim H, Ryu D. Foreign Investor Trading and Information Asymmetry: Evidence from a Leading Emerging Market [J]. Applied Economics Letters, 2016: 1 - 5.

[127] Collins D W, Kothari S P, Shanken J, Sloan R. Lack of Timeliness and

Noise as Explanations for the Low Contemporaneous Return-Earnings Association [J]. Journal of Accounting and Economics, 1994, 18 (3): 289 – 324.

[128] Dechow P, Ge W, Schrand C. Understanding Earnings Quality: A Review of the Proxies, Their Determinants and Their Consequences [J]. Journal of Accounting and Economics, 2010, 50 (2 – 3): 344 – 401.

[129] Demir F. Financial Liberalization, Private Investment and Portfolio Choice: Financialization of Real Sectors in Emerging Markets [J]. Journal of Development Economics, 2009, 88: 314 – 324.

[130] Diamond D W, Verrecchia R E. Disclosure, Liquidity, and the Cost of Capital [J]. Journal of Finance, 1991, 46 (4): 1325 – 1359.

[131] Doidge C, Karolyi G A, Stulz, René M. Why are Foreign Firms Listed in the U. S. Worth More? [J]. Journal of Financial Economics, 2004, 71 (2): 205 – 238.

[132] Douma S, George R, Kabir R. Foreign and Domestic Ownership, Business Groups and Firm Performance: Evidence from a Large Emerging Market [J]. Strategic Management Journal, 2003, 27 (7): 637 – 657.

[133] Drake M S, Roulstone D T, Thornock J R. The Determinants and Consequences of Information Acquisition via EDGAR [J]. Contemporary Accounting Research, 2015, 32 (3): 1128 – 1161.

[134] Durnev A, Morck R, Yeung B. Value Enhancing Capital Budgeting and Firm-Specific Stock Return Variation [J]. Journal of Finance, 2005, 59: 65 – 105.

[135] Easley D, Kiefer N M, O'Hara M. Cream-Skimming or Profit-Sharing? [J]. The Curious Role of Purchased Order Flow, 1996, 51 (3): 811 – 833.

[136] Eichengreen B, Gullapalli R, Panizza U. Capital Account Liberalization, Financial Development and Industry Growth: A Synthetic View [J]. Journal of International Money & Finance, 2011, 30 (6): 1090 – 1106.

[137] Eichengreen B, Leblang D. Capital Account Liberalization and Growth: Was Mr. Mahathir Right? [J]. International Journal of Finance & Econom-

ics, 2003, 8 (3): 205 – 224.

[138] Eizaguirre J C, Biscarri J G, de Gracia Hidalgo F P. Financial Liberalization, Stock Market Volatility and Outliers in Emerging Economies [J]. Applied Financial Economics, 2009, 19 (10): 809 – 823.

[139] Engsted T, Tanggaard C. The Relation between Asset Returns and Inflation at Short and Long Horizons [J]. Journal of International Financial Markets, Institutions and Money, 2002, 12 (2): 101 – 118.

[140] Epaulard A, Pommeret A. Financial Integration, Growth and Volatility [J]. Pacific Economic Review, 2016, 21 (3): 330 – 357.

[141] Errunza V R, Miller D P. Market Segmentation and the Cost of Capital in International Equity Markets [J]. SSRN Electronic Journal, 1998.

[142] Fama E. Agency Problems and the Theory of the Firm [J]. Journal of Political Economy, 1980, 88 (2): 288 – 307.

[143] Fang V W, Maffett M, Zhang B. Foreign Institutional Ownership and the Global Convergence of Financial Reporting Practices [J]. Journal of Accounting Research, 2015, 53 (3): 593 – 631.

[144] Fan Q, Wang T. The Impact of Shanghai-Hong Kong Stock Connect Policy on A-H Share Price Premium [J]. Finance Research Letters, 2017, 21: 222 – 227.

[145] Ferreira M A, Laux P A. Corporate Governance, Idiosyncratic Risk, and Information Flow [J]. The Journal of Finance, 2007, 62 (2): 951 – 989.

[146] Ferreira M A, Matos P. The Colors of Investors' Money: The Role of Institutional Investors around the World [J]. Journal of Financial Economics, 2008, 88 (3): 499 – 533.

[147] Forbes K J. Capital Controls: Mud in the Wheels of Market Discipline [J]. SSRN Electronic Journal, 2004, 25: 153 – 166.

[148] Francis J R, Yu M D. Big 4 Office Size and Audit Quality [J]. The Accounting Review, 2009, 84 (5): 1521 – 1552.

[149] Friedman E, Johnson S, Mitton T. Propping and tunneling [J]. Journal of Comparative Economics, 2003, 31 (4): 732 – 750.

[150] Galindo A, Schiantarelli F, Weiss A. Does Financial Liberalization Improve the Allocation of Investment? Micro-evidence from Developing Countries [J]. Journal of Development Economics, 2007, 83 (2): 0 – 587.

[151] Green T C, Jame R, Markov S, et al. Access to Management and the Informativeness of Analyst Research [J]. Journal of Financial Economics, 2014, 114 (2): 239 – 255.

[152] Gul F A, Kim J B, Qiu A. Ownership Concentration, Foreign Shareholding, Audit Quality, and Stock Price Synchronicity: Evidence from China [J]. Journal of Financial Economics, 2010, 95: 425 – 442.

[153] Gupta N, Yuan K. On the Growth Effect of Stock Market Liberalizations [J]. Review of Financial Studies, 2009, 22 (11): 4715 – 4752.

[154] Gu Z, Li Z, Yang Y G. Monitors or Predators: The Influence of Institutional Investors on Sell-Side Analysts [J]. The Accounting Review, 2013, 88 (1): 137 – 169.

[155] Hayes R M. The Impact of Trading Commission Incentives on Analysts' Stock Coverage Decisions and Earnings Forec [J]. Journal of Accounting Research, 1998, 36 (2): 61 – 71.

[156] He J, Tian X. The Dark Side of Analyst Coverage: The Case of Innovation [J]. Journal of Financial Economics, 2013, 109 (3): 856 – 878.

[157] Hirst D E, Koonce L, Venkataraman S. Management Earnings Forecasts: A Review and Framework [J]. Accounting Horizons, 2008, 22 (3): 315 – 338.

[158] Hong H, Kubik J D. Analyzing the Analysts: Career Concerns and Biased Earnings Forecasts [J]. The Journal of Finance, 2003, 58 (1): 313 – 351.

[159] Honig A. Addressing Causality in the Effect of Capital Account Liberalization on Growth [J]. Journal of Macroeconomics, 2008, 30 (4): 1602 – 1616.

[160] Huang W, Zhu T. Foreign Institutional Investors and Corporate Governance in Emerging Markets: Evidence from Split 39. Share Reform in China [J]. Journal of Corporate Finance, 2015 (32): 312 – 326.

[161] Huo R, Ahmed A D. Return and Volatility Spillovers Effects: Evaluating the Impact of Shanghai-Hong Kong Stock Connect [J]. Economic Modelling, 2017, 61: 260 – 272.

[162] Hutton A P, Marcus A J, Tehranian H. Opaque Financial Reports, R2, and Crash Risk [J]. Journal of Financial Economics, 2009, 94 (1): 67 – 86.

[163] James G A, Karoglou M. Financial Liberalization and Stock Market Volatility: The Case of Indonesia [J]. Applied Financial Economics, 2010, 20 (6): 477 – 486.

[164] Jin L, Myers S C. R2 around the World: New Theory and New Tests [J]. Journal of Financial Economics, 2006, 79 (2): 257 – 292.

[165] Johnson S, La Porta R, Lopez-de-Silanes F, et al. Tunneling [J]. American Economic Review, 2000 (90): 22 – 27.

[166] Kacperczyk M, Sundaresan S, Wang T. Do Foreign Investors Improve Market Efficiency? [R]. NBER Working Papers, 2018.

[167] Kaminsky G L, Schmukler S L. Short-Run Pain, Long-Run Gain: Financial Liberalization and Stock Market Cycles [J]. Review of Finance, 2007, 12 (2): 253 – 292.

[168] Kang S, Sul W, Kim S. Impact of Foreign Institutional Investors on Dividend Policy in Korea: A Stock Market Perspective [J]. Journal of Financial Management and Analysis, 2010, 23 (1): 10 – 26.

[169] Kang S H, O'Brien J R, Sivaramakrishnan K. Analysts' Interim Earnings Forecasts: Evidence on the Forecasting Process [J]. Journal of Accounting Research, 1994, 32: 103 – 112.

[170] Karamanou I, Vafeas N. The Association between Corporate Boards, Audit Committees, and Management Earnings Forecasts: An Empirical Analysis

[J]. Journal of Accounting Research, 2005, 43: 453 - 486.

[171] Kawakatsu H, Morey M R. Financial Liberalization and Stock Market Efficiency: An Empirical Examination of Nine Emerging Market Countries [J]. Journal of Multinational Financial Management, 1999, 9 (3 - 4): 353 - 371.

[172] Ke Y, Lo K, Sheng J, et al. Does Short Selling Mitigate Optimism in Financial Analyst Forecast? Evidence from a Randomized Experiment [J]. Social Science Electronic Publishing, 2014.

[173] Kim I J, Eppler-Kim J, Kim W S, et al. Foreign Investors and Corporate Governance in Korea [J]. Pacific-Basin Finance Journal, 2010, 18 (4): 390 - 402.

[174] Kim J B, Wang Z, Zhang L. CEO Overconfidence and Stock Price Crash Risk [J]. Contemporary Accounting Research, 2016, 33 (4): 1720 - 1749.

[175] Kim J H, Shamsuddin A. Are Asian Stock Markets Efficient? Evidence from New Multiple Variance Ratio Tests [J]. Journal of Empirical Finance, 2008, 15 (3): 518 - 532.

[176] Klein M W, Olivei G P. Capital Account Liberalization, Financial Depth, and Economic Growth [J]. Journal of International Money and Finance, 2008, 27 (6): 861 - 875.

[177] Kose M A, Prasad E S, Taylor A D. Thresholds in the Process of International Financial Integration [J]. Journal of International Money & Finance, 2011, 30 (1): 147 - 179.

[178] Lang M H, Lundholm R J. Corporate Disclosure Policy and Analyst Behavior [J]. The Accounting Review, 1996, 71 (4): 467 - 492.

[179] Leventis S, Dimitropoulos P E, Anandarajan A. Loan Loss Provisions, Earnings Management and Capital Management under IFRS: The Case of EU Commercial Banks [J]. Journal of Financial Services Research, 2011, 40 (1 - 2): 103 - 122.

[180] Leventis S, Weetman P, Caramanis C. Agency Costs and Product Market Competition: The Case of Audit Pricing in Greece [J]. British Accounting Review, 2011, 43 (2): 112 – 119.

[181] Li K, Morck R, Yeung Y B. Firm-Specific Variation and Openness in Emerging Markets [J]. The Review of Economics and Statistics, 2004, 86 (3): 658 – 669.

[182] Lim T. Rationality and Analyst Forecast Bias [J]. Journal of Finance, 2001, 56 (1): 369 – 385.

[183] Li S, Brockman P, Zurbruegg R. Cross-listing, Firm-specific Information, and Corporate Governance: Evidence from Chinese A-shares and H-shares [J]. Journal of Corporate Finance, 2015, 32: 347 – 362.

[184] Li Y, Zhang L. Short Selling Pressure, Stock Price Behavior, and Management Forecast Precis [J]. Journal of Accounting Research, 2015, 53 (1): 79 – 117.

[185] Ljungqvist A, Marston F, Starks L T, et al. Conflicts of Interest in Sell-Side Research and the Moderating Role of Institutional Investors [J]. Journal of Financial Economics, 2007, 85 (2): 420 – 456.

[186] Llorente G, Michaely R, Saar G, et al. Dynamic Volume-Return Relation of Individual Stocks [J]. Review of Financial Studies, 2002, 15 (4): 1005 – 1047.

[187] Loureiro G, Taboada A G. Do Improvements in the Information Environment Enhance Insiders' Ability to Learn from Outsiders? [J]. Journal of Accounting Research, 2015, 53 (4): 863 – 905.

[188] Miletkov M K, Lyubimov K, Kaya I. To Liberalize or Not to Liberalize: Political and Economic Factors Affecting the Government's Decision to Liberalize the Domestic Equity Markets [J]. SSRN Electronic Journal, 2009.

[189] Misati R N, Nyamongo E M. Financial Liberalization, Financial Fragility and Economic Growth in Sub-Saharan Africa [J]. Journal of Financial Stability, 2012, 8 (3): 150 – 160.

［190］ Mishra A V，Ratti R A. Governance，Monitoring and Foreign Investment in Chinese Companies ［J］. Emerging Markets Review，2011，12（2）：179 – 188.

［191］ Mittoo B U R. Cross-Country Determinants of Capital Structure Choice：A Survey of European Firms ［J］. Financial Management，2004，33（4）：103 – 132.

［192］ Mokoaleli-Mokoteli T，Taffler R，Agarwal V. Behavioural Bias and Conflicts of Interest in Analyst Stock Recommendations ［J］. Journal of Business Finance & Accounting，2009，36（3 – 4）：384 – 418.

［193］ Morck R，Yeung B，Yu W. The Information Content of Stock Markets：Why Do Emerging Markets Have So Little Firm-Specific Risk? ［J］. Journal of Financial Economics，1997，58：215 – 260.

［194］ Naceur S B，Ghazouani S，Omran M. Does Stock Market Liberalization Spur Financial and Economic Development in the MENA Region? ［J］. Journal of Comparative Economics，2008，36（4）：687 – 693.

［195］ Nagar V，Schoenfeld J，Wellman L. The Effect of Economic Policy Uncertainty on Investor Information Asymmetry and Management Disclosures ［J］. Journal of Accounting and Economics，2019，67（1）：36 – 57.

［196］ Naghavi N，Lau W Y. Exploring the Nexus between Financial Openness and Informational Efficiency-Does the Quality of Institution Matter? ［J］. Applied Economics，2014，46（7）：674 – 685.

［197］ Ndako U B. Financial Liberalization，Structural Breaks and Stock Market Volatility：Evidence from South Africa ［J］. Applied Financial Economics，2012，22（15）：1259 – 1273.

［198］ Ng L K，Wu F，Yu J，et al. Foreign Investor Heterogeneity and Stock Liquidity Around the World ［J］. Review of Finance，2015，20（5）：1867 – 1910.

［199］ Noy I，Vu T B. Capital Account Liberalization and Foreign Direct Investment ［J］. The North American Journal of Economics and Finance，2007，

18: 175 - 194.

[200] O'Brien P C, Mcnichols M F, Hsiou-Wei L. Analyst Impartiality and Investment Banking Relationships [J]. Journal of Accounting Research, 2005, 43 (4): 623 - 650.

[201] O'Connor T, Flavin T. The Effects of Ownership Structure on Corporate Financing Decisions: Evidence from Stock Market Liberalization [R]. Economics Department Working Paper Series, 2013.

[202] Popov A. Credit Constraints, Equity Market Liberalization, and Growth Rate Asymmetry [J]. Journal of Development Economics, 2014, 107: 202 - 214.

[203] Prabha A P, Sawangngoenyuang W, Wihlborg C. Financial Liberalization and Banking Crises: A Cross-Country Analysis [J]. Social Science Electronic Publishing, 2010, 10 (2): 263 - 292.

[204] Pukthuanthong K, Turtle H, Walker T, et al. Litigation Risk and Institutional Monitoring [J]. Journal of Corporate Finance, 2017, 45: 342 - 359.

[205] Quinn D P, Toyoda A M. Does Capital Account Liberalization Lead to? Growth? [J]. Review of Financial Studies, 2008, 21 (3): 1403 - 1449.

[206] Ramnath S, Rock S, Shane P. The Financial Analyst Forecasting Literature: A Taxonomy with Suggestions for Further Research [J]. International Journal of Forecasting, 2008, 24 (1): 34 - 75.

[207] Rogers J L, Buskirk A V. Shareholder Litigation and Changes in Disclosure Behavior [J]. Journal of Accounting and Economics, 2009, 47 (1 - 2): 134 - 156.

[208] Scherbina A. Suppressed Negative Information and Future Underperformance [J]. Review of Finance, 2008, 12 (3): 533 - 565.

[209] Semmler W, Young B. Lost in Temptation of Risk: Financial Market Liberalization, Financial Market Meltdown and Regulatory Reforms [J]. Comparative European Politics, 2010, 8 (3): 327 - 353.

［210］ Shleifer A, Vishny R. Large Shareholders and Corporate Control ［J］. Journal of Political Economy, 1986 (94): 461 –488.

［211］ Stiglitz J E. Risk and Global Economic Architecture: Why Full Financial Integration May Be Undesirable ［J］. American Economic Review, 2010, 100 (2): 388 –392.

［212］ Tsang A, Xie F, Xin X. Foreign Institutional Investors and Corporate Voluntary Disclosure Around the World ［J］. The Accounting Review, 2019, 94 (5): 319 –348.

［213］ Welch I. Herding among Security Analysts ［J］. Journal of Financial Economics, 2000, 12: 369 –396.

［214］ Wong M H F, Zhang X F. CEO Optimism and Analyst Forecast Bias ［J］. Journal of Accounting, Auditing & Finance, 2014, 29 (3): 367 –392.

［215］ Yoon A. Credibility of Disclosures in Weak Enforcement Institutions: Evidence from Shanghai-Hong Kong Connect ［J］. Social Science Electronic Publishing, 2017.

［216］ Yu F. Analyst Coverage and Earnings Management ［J］. Journal of Financial Economics, 2008, 88: 245 –271.